PETIT LIVRE
DE MORALE

EN PRÉCEPTES ET EN EXEMPLES

PAR

L. A. BOURGUIN

Auteur de MONSIEUR LESAGE, ou Entretiens d'un instituteur et de ses élèves
sur les animaux utiles.

NOUVELLE ÉDITION

PARIS

ÉLIE GAUGUET, ÉDITEUR

CÉLESTIN GAUGUET, LIBRAIRE | J. POUGEOIS, LIBRAIRE
18, rue Hautefeuille | rue de Madame, 3

PETIT
LIVRE DE MORALE

OUVRAGES DE L'AUTEUR

A LA MÊME LIBRAIRIE

Fables, 3ᵉ édition, ornée de six gravures hors texte. Prix, broché :
2 fr.

Monsieur Lesage, ou entretiens d'un instituteur avec ses élèves
sur les animaux utiles, 5ᵉ édition ; 22 gravures dans le texte. Prix,
cartonné : 1 fr.

L'introduction de ce livre dans les établissements d'instruction
publique est autorisée par décision de Son Excellence le ministre de
l'instruction publique.

Contes pour les grands et les petits enfants, un vol.
in-12. Prix, broché : 3 fr.

Ces contes sont divisés en quatre séries, dont chacune se vend
séparément 75 centimes.

Soyez bons pour les animaux, petits contes imités de l'alle-
mand, 25 gravures dans le texte. Prix, cartonné : 75 centimes.

Imprimerie L. TOINON et Cᵉ à Saint-Germain

PETIT
LIVRE DE MORALE

EN PRÉCEPTES ET EN EXEMPLES

PAR

L. A. BOURGUIN

Auteur de MONSIEUR LESAGE, ou entretiens d'un instituteur avec ses élèves
sur les animaux utiles.

PARIS

ÉLIE GAUGUET, ÉDITEUR

CÉLESTIN GAUGUET, LIBRAIRE | J. POUGEOIS, LIBRAIRE
18, rue Hautefeuille | rue de Madame, 3

—

1870

PETIT
LIVRE DE MORALE

CHAPITRE PREMIER

DE L'AMOUR DE DIEU

I

Vous savez, mes enfants, que c'est Dieu
qui nous a créés.

La terre où il nous a placés est comme
un magnifique jardin,

Avec ses belles prairies, et ses vastes
plaines qui n'attendent que la main du
laboureur pour lui rendre au centuple
les grains qu'il y dépose;

Avec ses riants coteaux couverts de
vigne ou d'arbres fruitiers; avec ses

hautes montagnes que couronnent de vastes forêts ;

Avec ses profondes vallées où croît une herbe fraîche pour nourrir les troupeaux ;

Avec ses fleuves, ses rivières, ses ruisseaux qui coulent en faisant mille détours et qui portent partout la fraîcheur et la fertilité.

La terre est comme une mère féconde. Elle ne vieillit pas ; elle est toujours prête à livrer ses trésors aux mains qui la cultivent.

II

Dieu a mis sur la terre les divers animaux.

Les uns servent à l'embellir et à l'animer, comme les oiseaux qui nous réjouissent par leur ramage, les insectes et les papillons qui brillent des plus vives couleurs.

Les autres ont été produits pour l'usage et l'utilité de l'homme.

Tels sont la vache et la chèvre, qui lui donnent leur lait;

Le cheval, l'âne et le chameau, qui portent ses fardeaux; le bœuf, qui tire la charrue;

Le mouton, dont la laine sert à faire nos habits; le porc, qui nous fournit son lard, et dont la chair, avec celle du bœuf, du veau et du mouton, forme notre principale nourriture;

Les poules, les oies, les pigeons, les canards, les dindons, qui nous donnent en abondance des œufs, des plumes et une chair délicate et nourrissante;

Le ver à soie, qui nous donne son cocon; enfin l'abeille, qui produit le miel et la cire.

III

Dieu nous a donné les organes des sens, merveilleux instruments mis au service de notre intelligence;

Les yeux, qui nous permettent d'admirer la magnificence de la nature, la beauté des œuvres de Dieu ;

Les oreilles, par lesquelles nous entendons le murmure des ruisseaux, le chant des oiseaux, les cris des animaux et les sons de la voix humaine ;

Le nez, qui nous fait sentir les douces émanations des fleurs et les odeurs de toute espèce ;

Le palais et la langue, qui nous font goûter la chair parfumée des fruits et la saveur des autres aliments ;

Enfin la main, qui palpe les objets pour en connaître la consistance ; la main, ce merveilleux instrument de travail, qui accomplit les ouvrages les plus délicats.

IV

Dieu nous a donné, pour nous guider pendant notre enfance, nos parents, qui sont remplis pour nous de bienveillance et de tendresse.

Il nous a donné des frères et des sœurs, pour être nos amis et nos compagnons, dans nos jours heureux et dans nos jours d'épreuves.

Dieu nous a donné l'intelligence, afin que nous puissions étudier, comprendre et admirer ses œuvres.

Il nous a donné la conscience, pour nous apprendre à discerner ce qui est bien et ce qui est mal.

Enfin il nous a donné tous les biens, et le plus grand de tous, qui est de le connaître et de l'aimer.

V

Dieu a parlé autrefois aux hommes par la bouche de ses prophètes et par celle de son divin fils Jésus-Christ.

Il nous parle encore tous les jours par les vénérables pasteurs qu'il a chargés de répandre sa parole, et qui, en nous rappelant sans cesse nos devoirs, nous portent à la pratique des vertus chrétiennes.

Pour couronner tant de bienfaits, Dieu promet à ceux qui feront le bien l'entrée de son paradis, où ils jouiront d'un bonheur éternel.

Qui pourrait ne pas aimer Dieu de tout son cœur?

Cherchons à nous rendre dignes de ses bontés et à mériter la récompense qu'il nous promet dans le ciel.

VI

Adorons et servons Dieu, en faisant le bien et en évitant le mal. Invoquons-le avec un cœur pur, et il exaucera notre prière.

Les herbes de la vallée, les chênes de la montagne, proclament sa gloire. Ne devons-nous pas aussi adorer sa toute-puissance?

En gazouillant, dès leur réveil, et en se répondant d'un arbre à l'autre, les petits oiseaux chantent les louanges de Dieu, le père de la vie.

Ne devons-nous pas, nous aussi, élever nos cœurs reconnaissants vers lui ?

Il est juste de remercier Dieu, pour ce qu'il nous donne ;

Il est juste de le remercier, pour ce qu'il nous promet, si nous vivons suivant ses saints commandements.

CHAPITRE II

AMOUR DES PARENTS

I

Vous ne vous souvenez peut-être pas, mes jeunes amis, du temps où vous étiez tout petits ;

Mais vous avez vu sans doute vos petits frères, vos petites sœurs, ou d'autres enfants au berceau.

Ils sont encore si faibles qu'ils ne peuvent se servir ni de leurs jambes pour marcher, ni de leurs mains pour prendre; et ils n'ont pas l'usage de la parole pour exprimer leurs besoins.

Si on les abandonnait, dans cet état, ils mourraient de faim et de froid.

C'est donc aux soins de leurs parents que les enfants doivent l'existence.

Votre mère vous a d'abord nourris de son lait; elle vous a longtemps portés sur ses bras; elle vous a bercés sur ses genoux;

Souvent elle s'est privée de son sommeil pour veiller auprès de votre berceau; et, le doigt sur les lèvres, elle faisait taire les plus légers bruits, afin que vous ne fussiez pas réveillés.

Quand vous avez été malades, elle vous a prodigué les soins les plus affectueux; elle a apaisé vos cris et calmé vos souffrances; elle vous a entourés de toute sa sollicitude et de tout son amour.

Elle vous a appris à marcher, à parler, à prier; elle a cherché à vous rendre bons; car elle veut que vous soyez de dignes enfants de Dieu.

II

La mère et le lion.

Un jour, à Florence, ville d'Italie, un lion s'étant échappé d'une ménagerie, parcourait les rues de la ville, répandant la terreur sur son passage.

Une pauvre mère qui fuyait, comme tout le monde, emportant son enfant dans ses bras, le laissa tomber, et l'enfant roula à quelques pas d'elle. Le lion s'élance sur lui et le saisit entre ses dents formidables.

Ne consultant que son amour, la mère se relève, et, se jetant à genoux devant le féroce animal, elle lui crie avec toute l'énergie du désespoir : Mon enfant, rends-moi mon enfant!

Le lion étonné s'arrête; il dépose l'enfant devant la mère, et s'éloigne à pas lents.

Croyez bien qu'en pareille circonstance votre mère aurait montré le même courage.

Votre père a partagé les fatigues et les inquiétudes de votre mère.

Il se livre, tous les jours, à un travail assidu, pour assurer votre subsistance.

Il s'impose des sacrifices pour vous envoyer à l'école, où vous recevez une instruction qui vous sera utile quand vous serez grands.

Il ne veut pas seulement que vous soyez instruits; il veut encore que vous soyez bons, honnêtes et pieux.

Honorez donc votre père et votre mère! témoignez-leur votre reconnaissance par un respect et un amour sans bornes.

Aimer son père et sa mère, c'est aimer Dieu, dont ils représentent la providence et la bonté.

Obéissez, sans réplique et avec une joyeuse docilité, à tout ce que vos parents vous commandent.

Écoutez leurs sages avis, et supportez sans murmure leurs réprimandes.

III

Adeline.

De tous les devoirs que nous avons à remplir, la piété filiale est le plus doux.

Adeline était une bonne petite fille. Elle aimait ses parents de tout son cœur, et ses parents l'aimaient.

La mère d'Adeline tomba malade et fut obligée de garder le lit. Bientôt le mal fit des progrès rapides, et la vie de la pauvre mère fut en danger.

Adeline lui rendait tous les soins que comportait son jeune âge.

Elle veillait auprès de son lit, préparait ses boissons et les lui portait ; elle entretenait la propreté dans la maison.

Le médecin venait tous les jours, et il indiquait à la petite fille la manière dont elle devait soigner sa mère.

Un jour, comme il quittait la chambre de la malade, il aperçut Adeline à genoux et priant avec ferveur.

Il fut touché de la piété de cette enfant. Quand elle eut achevé sa prière, il lui prit la main et lui dit :

—Ma chère enfant, Dieu a exaucé votre prière. Hier encore j'avais les plus vives inquiétudes ; mais aujourd'hui je suis complétement rassuré. Votre mère guérira, et elle guérira promptement.

En effet, la convalescence ne fut pas longue, et la mère revint à la santé.

Oh! comme Adeline remercia Dieu de lui avoir conservé sa mère!

IV

Un bon fils.

Une pauvre veuve, qui avait autrefois

connu l'aisance, tomba dans la gêne. La longue maladie à laquelle son mari finit par succomber avait épuisé ses ressources.

Jean, fils unique de cette veuve, s'était toujours distingué à l'école, autant par son application à l'étude que par la douceur de son caractère.

Lorsqu'il eut huit ans, le préfet du département obtint pour lui une bourse au lycée; c'est-à-dire qu'il l'y fit entrer comme pensionnaire, sans que sa mère eût rien à payer, ni pour sa nourriture ni pour son entretien.

Il y était depuis deux ans, et toujours il avait obtenu les premiers prix dans ses classes, quand sa mère tomba gravement malade.

Comme elle était fort pauvre, le curé pensa qu'elle serait mieux soignée à l'hôpital que dans une chambre mal éclairée et mal chauffée.

La malheureuse femme déclara qu'elle se soumettrait à cette triste nécessité.

Le bon curé alla trouver Jean au lycée et lui annonça la maladie de sa mère, pour laquelle il avait obtenu un billet d'hôpital.

Jean pâlit et s'écria : Monsieur le curé, ma mère n'ira pas à l'hôpital : elle y mourrait de chagrin.

— Mais, mon enfant, comment ferons-nous pour l'empêcher?

— Je suis assez grand et assez fort, reprit Jean, pour gagner la subsistance de ma mère et la mienne.

Rien ne put ébranler la résolution de ce courageux enfant. Il sortit du lycée, vendit ses livres, même ceux qui lui avaient été donnés en prix; il vendit ses habits neufs et une montre dont le préfet lui avait fait présent.

Jean se fit commissionnaire. Toutes

les personnes qui avaient appris son dévouement, l'employaient volontiers et le payaient bien. Jean put ainsi subvenir à tous les besoins de sa mère.

La maladie fut bien longue ; mais le courage de Jean ne se lassa pas. Quand sa mère fut rétablie, il continua son métier de commissionnaire, et la fit vivre dans une sorte d'aisance. Il se privait de tout pour que sa mère ne manquât de rien.

Il eut le bonheur de conserver sa mère pendant plus de vingt ans. Jamais il ne regretta la résolution qu'il avait prise.

C'est qu'il était heureux.

Il était heureux parce qu'il était bon ; il était heureux parce qu'il avait fait son devoir.

La plus douce récompense d'une bonne action, on la trouve dans son cœur.

V

Prascovie ou la bonne fille

La Sibérie est une vaste province de l'empire russe, province plus grande que toute l'Europe et qui occupe le nord de l'Asie.

Elle est en partie couverte de marais aux exhalaisons malfaisantes et de forêts. L'hiver y est excessivement rigoureux et dure de huit à neuf mois.

Il n'y a presque pas de culture dans ce malheureux pays. La chasse des animaux à fourrure, tels que les renards, les ours blancs, les martres, les hermines, et la pêche, quand les rivières ne sont pas gelées, sont les principales ressources des habitants.

C'est dans ces tristes contrées que l'empereur de Russie envoie les criminels d'État, c'est-à-dire ceux qui ont conspiré ou qui sont soupçonnés d'avoir conspiré contre le gouvernement.

Un grand nombre de ces malheureux sont employés au travail des mines de fer, de cuivre et de plomb, qui abondent dans le pays. Les autres, sans occupation, traînent leur misérable existence dans cette terre désolée.

Au nombre de ces derniers se trouvait un noble Hongrois, nommé Lopoulof, qui avait pris du service en Russie. Mis en jugement par la malveillance d'un chef, sous prétexte d'insubordination, il avait été exilé en Sibérie.

Il y languissait depuis quatre ans avec sa femme et sa fille nommée Prascovie.

La mère, tout entière aux soins du ménage, prenait en patience sa déplorable situation; mais le père, habitué à la vie active des armées, ne pouvait se résigner à son sort, et s'abandonnait souvent à des accès de désespoir.

Prascovie contribuait à la subsistance de ses parents en aidant les blanchisseuses du village et en prenant part, autant que ses forces le permettaient, à tous les ouvrages de la campagne, pendant les courts étés de ce climat.

Amenée en Sibérie dès sa plus tendre enfance, et n'ayant pas l'idée d'un meilleur sort, elle aurait supporté son malheur sans beaucoup de peine; mais les larmes et les chagrins de ses parents la touchaient vivement.

Un soir, au moment où elle achevait sa prière, l'idée lui vint d'aller à Saint-Pétersbourg, capitale de la Russie, pour demander la grâce de son père à l'empereur.

Elle vit dans cette pensée une inspiration de la Providence, et ce sentiment la soutint dans les cruelles épreuves qu'elle eut à subir.

Quand elle fit part de son projet à ses parents, ceux-ci la grondèrent d'avoir conçu une entreprise si peu sensée, et lui défendirent de leur en reparler jamais.

Trois ans se passèrent sans que Prascovie osât renouveler ses instances ; mais chaque jour, dans ses prières, elle demandait à Dieu de toucher le cœur de son père, afin qu'il lui accordât la permission de partir.

Prascovie avait dix-huit ans, quand elle exposa de nouveau son dessein à ses parents, qui tâchèrent de l'en dissuader par leurs caresses et par leurs larmes.

Enfin Lopoulof ne put résister aux touchantes sollicitations de sa fille ; il accorda la permission qu'elle demandait avec tant d'insistance.

Le jour du départ venu, on remit à Prascovie la valeur d'un rouble d'argent (environ quatre francs de notre monnaie). C'était toute la fortune de la famille.

Prascovie reçut à genoux la bénédiction de ses parents, et, s'arrachant courageusement de leurs bras, quitta pour toujours la misérable chaumière où elle avait passé son enfance.

Le père et la mère, immobiles sur le seuil de la porte, la suivirent longtemps des yeux, voulant lui envoyer de loin un dernier adieu; mais la jeune fille ne se retourna pas, de peur de se laisser attendrir, et disparut bientôt dans l'éloignement.

Pour se faire une idée du courage de cette jeune fille, il faut savoir qu'entre le lieu qu'elle quittait et Saint-Pétersbourg il y a plus de huit cents lieues; qu'elle n'avait aucune notion de géographie; et que la plupart du temps, les gens qu'elle rencontrait et auxquels elle demandait le chemin de Saint-Pétersbourg, ou se moquaient d'elle, ou ne pouvaient lui donner aucune indication, étant aussi ignorants qu'elle-même.

Nous ne dirons pas les fatigues et les peines de toute sorte qu'elle subit. Elle eut à souffrir le froid et la faim; elle fut exposée aux vents violents et aux orages si fréquents dans ces contrées.

Il lui arriva plus d'une fois, après avoir longtemps marché, de se retrouver dans un lieu par lequel elle avait déjà passé un des jours précédents.

Elle fut souvent retenue, pendant plusieurs semaines, dans quelque village ou quelque chaumière où elle avait trouvé un asile, parce que la neige tombe en si grande abondance pendant l'hiver dans le pays, que les chemins disparaissent; et les piétons qui se hasarderaient à continuer leur route, périraient égarés dans ces déserts glacés.

Pendant ce voyage désastreux, qui dura plus de dix-huit mois, elle dut vivre de charité.

Quand elle demandait l'hospitalité dans une maison, elle était souvent repoussée, comme une aventurière; il arriva même, chose triste à dire, qu'en traversant un village elle fut poursuivie par de méchants enfants, qui lui jetèrent des pierres et de la boue.

Une autre fois elle fut attaquée par une troupe de chiens, et elle eut sa robe déchirée; mais un paysan vint à son secours et les dispersa.

Plus d'une fois, comme les villages sont rares dans ce triste pays, elle fut obligée de coucher dans les bois. Vous pouvez juger de ses terreurs et des périls auxquels elle était exposée.

Un jour, étant entrée, vers la nuit, dans une misérable chaumière, habitée par un paysan et sa femme, ceux-ci, persuadés qu'une jeune fille n'entreprenait pas un si long voyage sans avoir beaucoup d'argent, s'emparèrent de ses vêtements dès qu'elle se fut couchée, et en fouillèrent les poches. Voyant qu'elle n'avait que quelques sous, ils eurent pitié de cette courageuse jeune fille, et, quand elle partit le lendemain, ils ajoutèrent plusieurs pièces de cuivre au peu qu'elle avait.

Pendant cette longue route, elle trouva aussi de bons cœurs qui, attendris en voyant tant de courage et de dévouement, l'assistaient et la retenaient quelques jours afin qu'elle se reposât.

Elle payait l'hospitalité qu'on lui accordait en se rendant utile : elle balayait la maison, lavait le linge et cousait pour ses hôtes.

Etant tombée gravement malade, elle

fut recueillie dans un couvent dont les religieuses renouvelèrent ses vêtements et lui donnèrent les marques d'une vive affection. Elles auraient voulu la retenir, mais, dès qu'elle eut retrouvé ses forces, Prascovie se remit en route.

Bien des fois encore elle eut à souffrir de la faim et du froid ; bien des fois elle tomba de lassitude ; mais sa confiance en Dieu et la pensée de faire rendre justice à son malheureux père soutenaient son courage.

Enfin elle arriva à Saint-Pétersbourg ; la supérieure du couvent lui avait remis une lettre de recommandation pour une dame de cette ville, qui lui fit un bon accueil.

Mais comment parler à l'empereur ? Des sentinelles gardaient toutes les avenues du palais et repoussaient Prascovie, vêtue comme une mendiante, et qu'ils prenaient pour une folle.

Plusieurs mois furent employés en tentatives inutiles. Enfin, à force de démarches, Prascovie parvint à intéresser quelques personnes charitables. L'un d'elles promit de la recommander à l'impératrice.

En effet, l'impératrice, en apprenant le dévouement de cette jeune fille, ordonna qu'elle lui fût présentée. Elle l'interrogea avec bonté sur les circonstances de son histoire qu'elle désirait connaître.

Quand elle l'eut entendue, l'impératrice loua son courage et sa piété filiale. Elle lui promit de la recommander à l'empereur, et lui fit remettre douze cents francs pour ses premiers besoins.

Bientôt des ordres furent donnés pour la révision du procès de Lopoulof, qui fut reconnu innocent et rappelé de la Sibérie.

Prascovie obtint aussi la grâce de deux infortunés compagnons de ses parents, lesquels s'étaient intéressés au sort de la pauvre voyageuse, et dont l'un, au moment du départ, lui avait offert une pièce d'argent qu'elle avait refusée.

On peut comprendre la joie qu'éprouvèrent le père et la mère de Prascovie en revoyant leur fille chérie.

VI

Aucun de vous ne sera probablement appelé à accomplir un acte de dévouement tel que celui de Prascovie, mais tous vous devez vénérer vos parents; et quand les maux de la vieillesse les accablent, vous devez les soulager et les consoler.

Et, si un jour ils deviennent incapables de travailler et qu'ils aient besoin de vous, trouvez-vous heureux de travailler pour eux, et de leur rendre les bienfaits que vous en avez reçus pendant votre enfance.

Soyez la joie de leurs derniers jours, et

méritez la bénédiction qu'ils vous donneront en quittant la terre pour une vie meilleure.

La bénédiction du père et de la mère demeure sur la maison des enfants et l'affermit.

Celui qui abandonne ses parents dans la détresse est maudit de Dieu et des hommes.

VII

Après vos parents d'autres personnes ont un droit tout particulier à votre respect et à votre affection.

C'est d'abord le vénérable ecclésiastique qui a béni votre berceau et bénira votre tombe, et qui, chargé de votre éducation religieuse, vous fait connaître les sublimes enseignements que Notre-Seigneur Jésus-Christ a apportés au monde, et qui vous porte à la pratique des vertus chrétiennes, à la piété, à la charité, au pardon des injures, à la confiance en la miséricorde divine.

Ce sont ensuite les maîtres et les maîtresses qui se sont chargés de vous instruire, de former votre esprit et votre cœur, et de vous préparer aux importants devoirs de la vie.

Montrez-vous reconnaissants de leurs soins, et par votre application et votre docilité rendez leur tâche plus facile.

Leur fonction est une fonction toute paternelle. Ils vous accoutument à aimer le bien, à remplir tous vos devoirs; ils ont donc le droit d'être aimés et respectés par vous.

CHAPITRE III

AMOUR DES FRÈRES ET DES SŒURS

I

Si vous avez des frères et des sœurs, songez, ô mes enfants, que ce sont des amis que le ciel vous a donnés.

Vous êtes nés des mêmes parents, vous avez été élevés sous le même toit, et avec la même tendresse, et vous avez les mêmes objets à chérir, les mêmes devoirs à remplir.

Loin de vous disputer, comme le font les enfants grossiers et sans éducation, cherchez mutuellement à vous être agréables et à vous rendre service.

Quel est le mauvais cœur qui pourrait prendre du plaisir, quand son frère est dans la peine ?

C'est un devoir pour les aînés d'aider, de protéger les plus jeunes et de leur donner de bons exemples.

2.

Les plus jeunes, à leur tour, doivent avoir de la déférence pour leurs frères et sœurs plus âgés.

II

Une bonne sœur.

Louise et Pauline étaient deux petites sœurs, s'aimant bien l'une l'autre, aimant leurs parents ; mais Louise était fort étourdie ; Pauline était beaucoup plus sensée.

Au commencement d'une semaine, leur mère donna à chacune d'elles un ouvrage de broderie et leur dit : Si samedi vous avez fait votre ouvrage, et que j'en sois contente, nous irons passer la journée du dimanche chez votre tante, à la campagne.

Pauline s'appliqua à son travail. Non-seulement sa broderie était achevée le samedi, mais elle était faite avec le plus grand soin.

Louise, au contraire, ne put présenter à sa mère qu'un ouvrage tout souillé, et qui était loin d'être terminé.

La mère décida que Pauline irait avec elle à la campagne et que Louise resterait seule à la maison.

Le lendemain matin, la mère dit à Pauline de se préparer ; mais celle-ci vint embrasser sa mère et lui demanda avec instance de lui permettre de rester à la maison.

—Eh quoi, dit la mère, est-ce que tu n'aurais pas du plaisir à venir avec moi chez ta tante ?

— Oh ! si, chère mère ; mais si la pauvre Louise reste seule ici, elle ne cessera de pleurer ; et moi je ne pourrai pas m'amuser, sachant que ma sœur a du chagrin ; au lieu que si tu me laisses auprès d'elle, je la consolerai et je l'aiderai à finir sa tâche.

La mère fut attendrie, et dit à la bonne Pauline : Je fais grâce à Louise, en ta faveur. J'espère que la preuve d'amitié que tu viens de lui donner, produira autant d'effet que la pénitence que je lui avais imposée.

Louise embrassa sa mère en lui demandant pardon. Elle embrassa aussi sa sœur en la remerciant.

Elle promit de se corriger de son étourderie, et elle a tenu parole.

III

Un bon frère.

Voici maintenant l'histoire d'un bon frère : Pierre et Jacques étaient fils d'un laboureur qui demeurait dans une ferme isolée, et ils allaient à l'école dans un village situé à plus d'une demi-lieue de leur habitation.

Un jour du mois de décembre, comme ils revenaient de l'école, vers quatre heures et demie du soir, ils se mirent à courir l'un après l'autre dans la neige.

En jouant ainsi, ils entrèrent dans un bois, qui se trouvait entre le village et la ferme, et s'y engagèrent.

Mais la nuit survint tout à coup, et comme en courant ils avaient été fort loin de la

route, ils s’égarèrent et cherchèrent vainement à regagner la ferme.

En ne voyant pas revenir ses enfants, le
père ressentit les plus vives alarmes.

Accompagné de ses domestiques, il courut
à leur recherche. On entra dans le bois, on
les appela; ils ne répondirent pas.

Heureusement, Cerbère, le chien de la
ferme, avait compris, à l’inquiétude de son
maître, qu’il s’agissait de retrouver les enfants.

Il s’était mis à la tête de la troupe ; il fu-
retait et aboyait, comme pour dire qu’il
était sur leur trace.

En effet, au bout d’un quart d’heure, le
chien poussa un cri de joie et s’élança en
avant.

On le suivit, et on trouva les deux enfants
endormis dans un trou rempli de feuilles, et
couchés l’un sur l’autre.

Pierre, l’aîné, s’était dépouillé de sa veste,
et il en avait habillé Jacques, son petit frère,

âgé seulement de six ans, et qui n'était vêtu que d'un simple gilet. Puis il s'était étendu sur lui, afin de le défendre, au péril de sa vie, des cruelles atteintes du froid.

Je vous laisse à penser combien le père fut heureux de revoir ses enfants bien-aimés. Il les ramena bien vite à la maison, où leur bonne mère se mourait d'inquiétude.

Elle les embrassa avec la plus vive tendresse. Elle était ravie de voir combien ses deux enfants s'aimaient.

Le bon chien, Cerbère, eut aussi sa part de caresses.

L'amitié des frères fait le bonheur des parents.

IV

Un autre bon frère,

Un matin, vers quatre ou cinq heures, le feu prit, on ne sait comment, dans une maison de village.

Le père était aux champs, la mère était partie avant le jour pour la ville voisine, et devait revenir avant que ses enfants fussent levés.

Les quatre enfants restés à la maison étaient profondément endormis, quand l'incendie se déclara. Tout à coup, ils se réveillent, suffoqués par la fumée et se mettent à pousser de grands cris.

Mais Joseph, l'aîné, qui peut avoir huit ans, ne perd pas la tête : il prend un de ses frères sur son dos, l'autre par la main, et en sortant de la maison, il les met hors de danger.

Cependant l'incendie fait de nouveaux progrès. Le courageux Joseph veut aussi sauver sa petite sœur, qu'il a laissée dans son berceau.

Il s'élance dans la maison ; le plancher craque sous ses pas, et la flamme jaillit autour de lui.

Il va droit au berceau, que, dans ses mouvements d'effroi, la petite a renversé.

Elle est tombée à terre; Joseph la saisit et parvient à l'emporter.

Mais, au moment où il va sortir, une poutre enflammée, en tombant, l'atteint au bras et le blesse grièvement. Il ne lâche pas son précieux fardeau, et bientôt il le dépose aux pieds de sa mère qui, en revenant de la ville, a vu de loin sa maison en feu et accourt, folle de douleur, pour sauver ses enfants.

Les voisins, qui sont accourus, embrassent le brave Joseph. On le félicite sur sa belle conduite. Il se borne à répondre : Je ne pouvais pas laisser brûler ma petite sœur.

Un voisin charitable recueillit la pauvre famille dans sa maison. Joseph dut se mettre au lit.

Sa blessure parut tellement grave que le médecin craignit d'être obligé de lui couper le bras.

— Eh bien ! dit Joseph, il vaut encore mieux que je perde le bras, que d'avoir laissé brûler ma petite sœur.

Heureusement, on n'eut pas besoin de recourir à cette extrémité. Joseph guérit et recouvra complétement l'usage de son bras.

Aujourd'hui, Joseph est un honnête cultivateur. Il n'est pas besoin de dire qu'il aime toujours sa sœur.

V

L'union fait la force.

Un vieillard, sentant qu'il n'avait pas longtemps à vivre, fit venir ses trois fils et leur dit, en leur montrant un paquet de baguettes liées ensemble : Voyons qui de vous rompra ce faisceau.

L'aîné le prend, l'appuie sur son genou, et malgré ses efforts ne parvient pas à le briser. Le second et le troisième en font l'essai à leur tour, sans plus de succès.

— Faibles enfants, dit le père, je veux vous montrer ce que peut encore ma force en cette circonstance. Ils crurent qu'il se moquai d'eux ; mais le père sépara les baguettes et les rompit sans peine, une à une.

—Vous voyez, mes enfants, leur dit-il, l'effet de la concorde. Tant que vous resterez unis, vous résisterez aisément à toutes les attaques de la malveillance ; mais si la discorde se met entre vous, vous serez sans force contre vos ennemis. Je sens que ma mort approche. Promettez-moi de vivre en bons frères.

Chacun d'eux le lui promit en pleurant ; et quelques jours après le père expira entre leurs bras.

Les trois frères trouvèrent une riche succession, mais fort mêlée d'affaires. Ils eurent à soutenir plusieurs procès contre des voisins et des créanciers ; mais, en restant unis, ils s'en tirèrent d'abord avec succès.

Malheureusement, leur amitié fut courte. Quand on en vint au partage, l'intérêt les sépara. Ne pouvant s'accorder sur les lots à former, ils ont recours aux tribunaux. On conteste, on chicane, on plaide. Le juge les condamne tour à tour sur divers points.

Les voisins, les créanciers reviennent à la charge. Les frères ne sont plus d'accord pour leur résister. Enfin ils perdirent tout leur bien, pour n'avoir pas su profiter des sages leçons de leur père, et de l'exemple des baguettes, si fortes quand elles sont réunies en faisceau, si faciles à briser quand on les prend séparément.

Il est dit dans les saints Evangiles : « Toute maison divisée contre elle-même périra. »

VI

Je ne puis trop vous recommander, mes petits amis, d'être polis avec vos frères. Les enfants qui contractent, à l'égard de leurs frères, des habitudes de malveillance et de grossièreté, deviennent grossiers et malveillants avec tout le monde.

Soyez surtout polis et bienveillants pour vos jeunes sœurs. Elles sont plus faibles et plus sensibles que vous; et leur délicatesse est blessée de toute parole brutale, de toute manière incivile.

Que, de leur côté, les sœurs usent de leur influence pour maintenir l'union entre leurs frères, et pour les porter à être pieux, bons et généreux.

Heureuse la famille dans laquelle tous ont en vue l'avantage de tous ; parce que, tous s'aimant, les joies et les souffrances sont communes. Les joies sont ainsi doublées et les souffrances allégées.

Les tristesses de la vie se dissipent aux rayons de l'amour fraternel, comme les gelées d'automne fondent, le matin, quand le soleil se lève.

S'il y a sur la terre un bonheur réel, ce bonheur se trouve dans une famille dont le devoir et l'affection unissent étroitement tous les membres.

CHAPITRE IV

AMOUR DU PROCHAIN

I

Vous vous rappelez sans doute cette belle parabole de l'Evangile, qui nous montre un bon Samaritain trouvant sur la grande route un homme que des voleurs ont laissé à demi mort, après l'avoir dépouillé. Ému de compassion, le bon Samaritain s'arrête auprès de ce malheureux, panse ses blessures, et, le mettant sur son cheval, le conduit à une hôtellerie. Et le lendemain il donna de l'argent au maître de l'hôtellerie, en lui recommandant d'avoir bien soin du blessé, et en promettant de payer, à son retour, tout ce qui serait dépensé de plus.

Cette parabole du divin Maître nous enseigne que c'est en faisant aux autres tout le bien que nous pouvons leur faire, en les assistant dans leurs malheurs, en les consolant dans leurs chagrins, en un mot, en faisant pour eux, en toute rencontre, ce que nous voudrions qu'ils fissent pour nous, que nous pouvons remplir l'obligation que Dieu nous a faite d'aimer le prochain.

II

Dieu est notre père à tous : nous devons nous entr'aider et nous aimer comme des frères.

Quand l'amour du prochain ne serait pas un devoir, il serait encore un bon calcul. Aimer, c'est être meilleur; aimer, c'est être heureux.

Celui qui veut faire le bien des autres a déjà fait le sien. C'est que la charité, comme toutes les vertus, porte avec elle sa récompense.

Dieu n'aurait pas commandé la charité à tous les hommes, s'il n'avait pris le soin de la mettre à la portée de tous.

Nul n'est parfait, nous avons tous nos défauts, nos faiblesses, nos moments fâcheux.

Supportons donc les autres, pour qu'ils nous supportent.

Apprenons à porter les fardeaux les uns des autres, puisqu'il n'y a personne qui se suffise à soi-même. Nous devons mutuellement nous aider, nous consoler, nous instruire et nous avertir.

Soyez bons et aimez-vous les uns les autres : il n'y a de joie véritable que dans les émotions du cœur.

La charité, la compassion, le pardon sont ce qu'il y a de plus noble et de meilleur dans l'homme.

L'amour repose au fond des âmes pures, comme une goutte de rosée dans le calice d'une fleur.

III

L'écolier et le vieillard

Nous devons surtout témoigner des égards et de la bienveillance aux personnes âgées et infirmes.

Honte à celui qui n'a pas de respect pour les cheveux blancs et pour le malheur !

Un instituteur ne cessait de recommander à ses élèves d'avoir de la déférence et du |respect pour les vieillards.

Il avait puni sévèrement un élève coupable d'insubordination ; mais, le soir de ce même jour, il le rencontra, dans une rue, occupé à relever un vieillard qui s'était laissé tomber.

De plus cet écolier réprimandait hautement un petit vagabond, qui avait heurté le vieillard et qui riait de sa chute.

L'instituteur fit aussi de vifs reproches à ce mauvais cœur ; puis, embrassant l'écolier, il lui dit : Jusqu'à cette heure je t'avais cru un méchant enfant, et je désespérais de faire de toi un homme de bien ; mais depuis que j'ai été témoin de ton respect envers ce pauvre vieillard, je te crois capable de beaucoup de vertu.

L'écolier fut touché de la bonté de son maître. Il lui promit de ne plus retomber dans la faute pour laquelle il avait été puni. Et il a tenu parole.

Entourez la vieillesse de soins et de vénération. La bénédiction d'un vieillard porte bonheur.

IV

Puisque Dieu, qui est notre père commun, nous a fait un devoir de nous aimer et de nous entr'aider, que faut-il penser de ceux qui prennent plaisir à tourmenter les autres, à les injurier, à les battre, et qui cherchent toutes les occasions de faire le mal?

Il y a des enfants grossiers et mal élevés qui semblent se plaire à endommager, à détruire la propriété d'autrui.

Il y en a qui dérobent des choses appartenant à leurs parents, à leurs camarades ou à d'au'res personnes, se rendant ainsi coupables de vol.

Ils croient que dérober un fruit, un objet sans valeur, ce n'est pas commettre un vol; mais celui qui est infidèle dans les petites choses le sera bientôt dans les grandes.

3.

Le premier pas dans le vice en amène un second, puis un troisième. On a commencé par une faute légère ; mais on s'enhardit dans le mal, et l'on finit par les fautes les plus graves.

Ces malheureux enfants se croient bien en sûreté parce que personne ne les voit. Ecoutez, à cette occasion, la conversation qui eut lieu entre un père et son fils qui revenaient des champs, par un jour très-chaud de l'automne.

— Mon papa, dit l'enfant en tournant la tête du côté d'un jardin, le long duquel ils marchaient, j'ai grand'soif. Voilà un poirier chargé de belles poires. Ah! que j'en mangerais une avec plaisir!

— Je le crois bien, répondit le père ; mais le jardin ne nous appartient pas : il faut prendre patience jusqu'à ce que nous arrivions à la maison.

— Mais, mon papa, la haie n'est pas trop fourrée ; voici un trou par lequel il me serait facile de passer.

— Et que dirait le maître du jardin, s'il était là !

— Oh! papa, regarde; il n'y a personne qui puisse nous voir.

— Tu te trompes, mon fils, il y a quelqu'un qui nous voit et qui nous punirait avec justice, puisqu'il y aurait du mal à faire ce que tu proposes.

— Et qui serait-ce donc, papa?

— Dieu, mon fils, Dieu qui est présent partout, qui ne nous perd jamais un instant de vue, et qui voit jusqu'au fond de nos pensées. Rappelle-toi, mon enfant, toutes les fois que tu seras tenté de faire une mauvaise action, que QUAND LES HOMMES NE TE VOIENT PAS, DIEU TE VOIT.

V

Henri.

Un dimanche, le petit Henri avait entendu un sermon sur la charité.

Il enviait le sort des gens riches. Il leur est facile de faire le bien, se disait-il ; quant à moi, je ne possède rien, et mes parents sont pauvres. Il y en a sans doute de plus pauvres qu'eux ; je serais heureux de les assister, mais je ne puis rien leur donner.

Pourtant, en pensant à tout ce qu'avait dit le prédicateur, et en cherchant dans son esprit de quelle manière il pourrait se montrer charitable, il se rappela que Paul, un de ses camarades, était malade et n'avait pu venir à l'école depuis un mois.

J'irai le voir dans l'après-midi, se dit Henri ; je suis sûr que ma visite lui fera plaisir. Je chercherai à le distraire. Il me semble que ce sera une bonne œuvre.

Paul demeurait dans une maison un peu écartée du village. En s'y rendant, Henri cueillit des fleurs le long du chemin ; arrivé chez son camarade qu'il trouva au lit, il l'embrassa ; il chercha à le consoler par des paroles affectueuses, et en lui redisant des histoires intéressantes que le maître leur avait racontées à l'école.

Puis, des fleurs qu'il avait cueillies en chemin, il tressa une couronne qu'il donna à Paul.

Celui-ci fut heureux de recevoir la visite de son camarade : il le pria de venir le voir encore. Il espérait être bientôt en état de se lever. Alors ils joueraient ensemble.

Henri en effet retourna chez son ami, dont la convalescence fut longue. Afin que Paul ne se trouvât pas trop en arrière des autres élèves, quand il rentrerait à l'école, Henri apportait ses livres et ses cahiers, et lui répétait les leçons du maître.

Paul fut toujours très-reconnaissant de ses bontés.

Quand il fut devenu grand, il hérita d'un oncle, et se trouva riche.

Henri aussi devint un homme ; mais il restait pauvre, et regrettait vivement de ne pouvoir prendre à ferme une propriété qui était à louer.

Paul lui avança l'argent nécessaire pour acheter une charrue, des instruments aratoires, des voitures, des chevaux, ainsi que les bestiaux indispensables dans une exploitation rurale; et il loua la ferme.

Comme Henri était aussi honnête que laborieux et intelligent, Paul n'eut pas à se repentir de l'avoir assisté.

Il est bien rare que, tôt ou tard, une bonne action ne reçoive pas sa récompense.

D'ailleurs faire le bien nous rend meilleurs; faire le bien nous rend heureux.

VI

Un bon petit garçon.

Lucien était un petit garçon de six ans. Un jour, on lui donna une image qui représentait une bataille entre les Turcs et les Grecs.

Les Turcs étaient vainqueurs et ils massacraient jusqu'aux femmes et aux enfants.

Après avoir longtemps regardé cette image, Lucien se mit à genoux près d'une chaise sur laquelle il appuya ses coudes et il joignit les mains.

Que fais-tu là, lui demanda son père? — Oh! papa, je prie Dieu, et je lui demande de rendre tous les hommes bons, afin qu'ils ne se tuent plus, comme ils le font.

La charité commence à la famille, puis elle s'étend à la patrie; et de là à tout le genre humain.

Tous les peuples, pris ensemble, composent la grande famille humaine, la famille de Dieu.

Le Dieu des chrétiens n'est point un Dieu de colère et de meurtre, mais un Dieu d'amour et de paix.

A l'exemple du petit Lucien, prions-le pour qu'il éclaire l'esprit des souverains et des peuples, pour qu'il fasse régner la concorde au milieu d'eux, et que ce ne soit plus la guerre mais la justice qui règle leurs droits.

VII

Julie.

Par une belle matinée du mois de mai, la petite Julie se rendait à la ville avec sa mère.

L'air était frais, le ciel sans nuages ; les petits oiseaux voletaient et chantaient dans les haies qui bordaient la route.

Médor, le chien du logis, courait en avant, puis il revenait sur ses pas, témoignant sa joie par les mouvements de sa queue.

Julie cheminait lestement et gaiement. Pendant le mois précédent, elle avait brodé pour son parrain une belle paire de pantoufles, et les lui avait offertes le jour de sa fête, et celui-ci l'en avait récompensée, en lui donnant une pièce de vingt francs.

Cette pièce devait être employée à l'achat d'une robe des dimanches pour Julie, qui jouissait d'avance de se voir mieux vêtue que la plupart de ses jeunes compagnes.

Au moment où elles allaient atteindre la ville, Julie et sa mère virent un pauvre vieil-

lard assis à la porte d'une misérable chaumière, et qui, les épaules chargées d'une
couverture, se réchauffait au soleil.

La mère de Julie s'arrêta auprès de ce vieillard et lui demanda ce qu'il avait.

Une vieille femme qui sortit de la chaumière, répondit : « Mon pauvre homme vient
de faire une longue maladie, et ses forces reviennent bien lentement. Il aurait besoin
d'une bonne nourriture ; mais nous sommes
pauvres, et nous avons épuisé toutes nos
ressources. »

Julie, émue jusqu'aux larmes, tira sa mère
un peu à l'écart et lui dit : « Je puis bien me
passer d'une robe des dimanches : permets-
moi, chère mère, d'offrir mes vingt francs à ces
malheureux. »

La mère embrassa sa fille et lui remit la
pièce d'or que celle-ci offrit, avec beaucoup
de bonne grâce, à la vieille femme.

Julie et sa mère n'entrèrent pas dans la
ville où elles n'allaient que pour acheter la
robe, et elles reprirent le chemin du village.

Julie paraissait encore plus contente qu'auparavant. Il lui semblait que les petits oiseaux chantaient mieux qu'au moment du départ; le bon chien, qui devinait sa joie, trottait en avant, puis venait s'offrir à ses caresses et reprenait sa course.

Le dimanche suivant, Julie, en voyant ses petites amies mieux habillées qu'elle, ne regretta pas l'emploi de ses vingt francs.

C'est que s'il est agréable d'avoir une belle robe, il est encore plus agréable d'avoir fait le bien

VIII

L'orphelin.

André avait perdu sa mère en naissant; son père, pauvre manœuvre de la campagne, mourut aussi; et André, à l'âge de six ans, se trouva orphelin.

Il n'avait d'autre parent qu'une vieille tante, qui gagnait péniblement sa vie, en faisant quelques ménages. Elle était trop pauvre pour se charger d'André, que l'administration s'occupait de faire admettre dans un hospice.

Mais une bonne idée germa tout à coup dans la tête de Pierre, le plus grand des écoliers de la commune.

Si mes camarades et moi, se dit-il, nous donnions seulement chacun un sou par semaine à la tante d'André, comme nous sommes quarante, cela ferait deux francs par semaine ou huit francs par mois. Avec cela elle pourrait élever le pauvre André.

Il fit part de son idée à ses condisciples qui l'adoptèrent avec empressement; l'instituteur voulut s'associer à cette bonne œuvre et donner aussi son sou par semaine.

C'est entre ses mains que chaque élève apportait sa contribution le dimanche matin; mais quelques-uns, sans le dire à leurs camarades, donnaient plus d'un sou, quand ils le pouvaient.

Ce n'est pas tout : les élèves qui, devenus grands, quittaient l'école, ne cessaient pas pour cela d'apporter leur sou par semaine; et les nouveaux élèves voulurent aussi donner le leur. En sorte que bientôt on remit dix et même douze francs par mois, à la vieille tante. Celle-ci se trouvait heureuse de pouvoir garder auprès d'elle son neveu, qui lui donnait beaucoup de satisfaction.

Cela dura pendant plusieurs années, même quand André fut sorti de l'école pour se mettre en apprentissage.

André fut appelé à faire partie de l'armée. Par sa bonne conduite et son instruction, il devint sous-officier, puis officier. Il est aujourd'hui capitaine en retraite, et maire de sa commune.

Il se plaît à raconter comment, dans son enfance, il a été assisté par ses camarades.

Je connais plus d'un village où l'exemple donné par Pierre a été suivi.

IX

La dette de l'humanité.

Un jeune peintre français, qui voyageait en Italie, arriva à Modène, sans argent et manquant de tout. On lui avait volé sa bourse et ses effets.

En entrant dans la ville, il rencontra un de ces artisans dont le métier est d'aller par les rues pour aiguiser les couteaux, les ciseaux et les autres instruments tranchants, et que l'on nomme vulgairement *gagne-petit*.

Reconnaissant dans cet homme un compatriote, le peintre lui confia sa détresse et le pria de lui indiquer où il pourrait se loger à peu de frais. L'artisan lui proposa de venir partager sa chambre.

Pendant les premiers jours de son arrivée, le peintre chercha vainement de l'ouvrage; il finit par tomber malade de découragement.

L'artisan s'efforça de le consoler. Il se leva plus tôt et se coucha plus tard, afin de gagner davantage et de pouvoir fournir aux besoins du malade qui avait écrit à sa famille. Il le soigna comme un frère, pendant sa maladie qui fut assez longue, le veilla et pourvut à toutes les dépenses nécessaires.

Quelqeus jours après sa guérison, le peintre, ayant reçu de l'argent de ses parents, voulut s'acquitter envers son généreux bienfaiteur.

— Non, monsieur, lui répondit le gagne-petit; c'est une dette que vous ayez contractée envers le premier honnête homme que vous trouverez dans une situation semblable à celle où vous étiez, quand vous m'avez rencontré. Comme vous, j'ai été malade et sans ressources; une personne charitable m'a recueilli et a pris soin de moi. Je viens de m'acquitter de ce bienfait : n'oubliez pas d'en faire autant, dès que l'occasion s'en présentera.

En imposant à son obligé le devoir de faire le bien à son tour, le gagne-petit doublait son bienfait.

Comme le genre humain ne forme qu'une famille, il serait à désirer qu'il s'établît ainsi une réciprocité de bons offices. Quel est le mauvais cœur qui refuserait d'acquitter la dette qu'il aurait contractée, la dette de l'humanité ?

X

Sidonie.

Sidonie était une petite fille malveillante ; dans ses conversations, elle n'omettait rien de ce qui pouvait nuire à la réputation des autres. Elle n'épargnait personne, pas même ses meilleures amies.

Un jour que, dans une réunion d'enfants, elle plaisantait fort méchamment sur une de ses compagnes, André, jeune garçon plus sensé que les autres, dit tout haut : « Cette petite demoiselle a beaucoup d'esprit; mais je plains, de tout mon cœur, celui qui sera son mari. »

Sidonie l'entendit et ne lui épargna pas ses quolibets ; mais André ne s'émut pas de son vain bavardage.

Sidonie a grandi ; elle a vieilli, sans se corriger. Elle débite toujours ses plaisanteries mordantes ; mais elle ne s'est pas mariée : aucun homme n'a voulu épouser une personne d'un si mauvais caractère.

C'est que si l'on peut rire un instant d'une méchanceté, ceux qui rient le plus fort, n'estiment pas le railleur.

Le médisant devient ainsi la première victime de ses mauvais propos.

CHAPITRE V

AMOUR DE LA PATRIE

I

La France est notre patrie. Vous devez donc l'aimer et, quand vous serez grands, être prêts à voler à son secours, si elle est menacée.

Quand l'honneur et le devoir l'appellent, rien ne peut arrêter un bon citoyen.

Le mot patrie éveille en notre cœur l'idée de la maison où nous avons été élevés sous les yeux de nos parents ; des champs, des bois, des eaux, des horizons, de tous les objets qui ont excité nos premières impressions ; c'est aussi le coin de terre où dorment les restes vénérés de nos aïeux et de ceux que nous avons aimés.

L'amour de la patrie est le plus beau, le plus moral des sentiments de l'homme ; tous les cœurs bien nés le ressentent vivement.

Mettez-vous en état de servir un jour votre patrie, par votre travail, par vos talents, par vos vertus.

Obéissez aux lois de votre patrie, puisque c'est sous leur protection que vous êtes nés et que vous vivez. Obéir aux lois, respecter les magistrats, c'est le devoir de tous les bons citoyens.

Aimons et honorons l'Empereur qui gouverne la France. L'honneur et la prospérité du souverain sont l'honneur et la prospérité du pays.

Prions Dieu pour qu'il répande ses bénédictions sur l'Empereur et sur sa dynastie.

Par notre dévouement à sa personne, par

notre soumission aux lois, rendons-lui plus léger le fardeau du gouvernement.

II

Le mot *français* vient du mot *franc*. Il signifie brave, généreux, loyal. L'homme lâche, égoïste et de mauvaise foi n'est pas digne du nom de Français.

Le plus obscur d'entre nous sent mieux sa valeur personnelle et comprend mieux ses devoirs, en pensant qu'il est Français.

Un seul trait vous fera connaître avec quelle simplicité héroïque le soldat français se dévoue pour la patrie.

Dans une des guerres de la république, l'armée française se retirait devant un ennemi supérieur en nombre, après avoir perdu ses canons. Elle était exposée au plus grand danger, sa retraite allait être coupée. Le général Kléber appelle le lieutenant-colonel Chouardin. « Prends une compagnie de grenadiers, lui dit-il, et arrête l'ennemi devant ce ravin. — Oui, mon général. — Tu te feras tuer et

tu sauveras tes camarades. — Oui, mon général. » Kléber, les larmes aux yeux, embrasse
ce brave. Ils se séparent. Chouardin fait volte-
face, arrête l'ennemi, et meurt avec les cent
hommes qu'il commande.

Quand vous serez en état de lire l'histoire
de France, vous y verrez un grand nombre de
faits semblables, dans lesquels des prélats, des
magistrats, des militaires, des marins, de
simples particuliers, ne craignirent pas de sa-
crifier leur fortune et leur vie pour défendre
la patrie.

Ces exemples, soyons prêts à les suivre, si
la patrie a besoin de notre dévouement.

Mais l'amour de la patrie ne doit pas nous
rendre malveillants envers les autres peuples.

Tous les hommes sont les membres d'une
même famille, trop étendue pour être sou-
mise à un seul gouvernement; mais tous nos
semblables sont les enfants de Dieu, et
comme tels ils ont droit à notre bienveillance.

Quant à nous, qui avons le bonheur d'être

Français, félicitons-nous d'être nés à une époque et dans un pays où tous les hommes sont égaux devant la loi, égaux devant le travail. Aimons la liberté, aimons les institutions que la France s'est données. Soyons fiers d'être enfants du XIXe siècle, d'être enfants de la France.

CHAPITRE VI

BIENVEILLANCE ENVERS LES ANIMAUX.

I

Dieu nous a donné les animaux domestiques soit pour servir à notre nourriture, soit pour nous assister dans nos travaux.

Nous pouvons donc en user, mais nous n'avons pas le droit de les maltraiter ni de les faire souffrir sans nécessité.

Nous devons, au contraire, avoir de la bienveillance pour ces utiles serviteurs. Ils mettent à la disposition de l'homme leur force, leur courage, leur propre vie.

Ils nous aident, ils nous défendent. A notre tour, aidons-les, défendons-les, rendons-leur la vie douce. C'est un devoir de stricte justice.

En retour de leur dévouement, de leurs fatigues, et des produits qu'ils nous donnent, nous leur devons une habitation saine, une nourriture suffisante et le soulagement de leurs maux.

L'affection de l'homme les rend heureux ; l'homme aussi trouve dans leur affection une source de jouissance et la consolation de bien des chagrins.

Celui qui est bon pour les animaux, sent son cœur battre plus à l'aise dans sa poitrine.

II

Il y a cependant des enfants assez méchants pour prendre plaisir à faire souffrir les animaux.

Ils vont enlever dans les buissons le nid de

4.

la fauvette sans être touchés des cris de la pauvre mère qui voltige autour d'eux, plaintive et désolée, et redemande en gémissant ses chers petits.

Ils arrachent les ailes à des papillons, à des mouches, ou forcent à voler un malheureux hanneton qu'ils retiennent par un fil attaché à une de ses pattes.

Ils poursuivent les moutons à coups de pierres, ou accablent de coups un pauvre âne, victime ordinaire de leur cruauté.

Ils se plaisent à assister à des jeux barbares que l'on tolère encore dans quelques localités, en contravention à la loi, tels que le tir à l'oie, les courses de taureaux ou autres semblables.

Gardez-vous d'imiter cette lâche cruauté. L'enfant grossier et méchant avec les animaux devient grossier et méchant dans ses rapports avec ses semblables.

III

Nicolas.

Il arrive quelquefois que ces mauvais cœurs sont punis.

Nicolas était un méchant enfant, qui se plaisait à faire du mal aux animaux.

Un jour, il avait attaché une vieille écuelle de fer-blanc à la queue d'un chien de boucher, et il le faisait courir dans les rues du village en poussant de grands cris.

Tout à coup le chien devenu furieux se retourne, saute au visage de Nicolas, le mord avec rage et l'eût probablement dévoré, si l'on ne fût accouru au secours du petit malheureux, qui en fut quitte pour la perte d'un œil, et pour d'affreuses cicatrices au visage.

IV

Fanchette.

Voici une histoire d'un autre genre, que l'on a mise en images :

Fanchette était la fille d’un pauvre paysan, qui l’avait habituée de bonne heure à se montrer bienveillante pour les douces créatures du bon Dieu.

Souvent il se plaisait à regarder avec elle les nids d’hirondelles établis sous la corniche de son toit, et à voir l’activité du père et de la mère qui apportaient la becquée à leurs petits.

Il lui montrait les petites abeilles qui vont de fleur en fleur, puiser le suc qu’elles transforment en miel.

Les pigeons, que son père élevait, venaient se poser sur l’épaule de la petite fille, et se laissaient caresser par elle.

Un jour, Fanchette était occupée à tricoter devant la porte de sa maison, quand elle vit passer sur la route une voiture remplie d’agneaux entassés les uns sur les autres et cruellement garrottés.

A chaque cahot, les pauvres bêtes bêlaient de manière à faire pitié.

Le conducteur de la voiture arriva devant la petite paysanne; il jeta à ses pieds un

gneau qu'il portait sur son épaule. — Tiens,
ui dit-il, voilà une maudite bête qui vient de
crever, dis à ton père de l'écorcher, il en aura
a peau.

Le voiturier s'éloigna. Fanchette ramassa
'agneau, et l'ayant placé sur ses genoux, elle
détacha la corde qui lui liait les jambes si
étroitement que la peau était entamée ; elle le
regarda d'un air de compassion, et avec des
armes dans les yeux.

Tout à coup, il lui sembla que l'agneau
faisait un mouvement. Elle le pressa sur son
sein, pour essayer de le réchauffer. Bientôt, en
effet, l'agneau poussa un bêlement, comme
s'il criait après sa mère.

Fanchette enveloppa l'agneau dans son
tablier, elle se pencha sur lui, et lui souffla
de sa chaude haleine dans les narines et sur
le museau. La pauvre bête s'agita peu à peu ;
et à chacun de ses mouvements, le cœur de
la petite fille tressaillait de plaisir.

Elle rentra à la maison, émietta un peu de
pain dans du lait et le présenta à l'agneau.

Celui-ci, qui ne se mourait que de besoin, se sentit ranimé par cette nourriture; il commença à étendre les jambes et à remuer les oreilles.

Bientôt il eut la force de se tenir sur ses pieds, et il alla boire dans la tasse le reste du lait.

Alors Fanchette le prit dans ses bras et alla le présenter à son père, qui travaillait dans un champ peu éloigné de la maison.

Le père fut heureux d'apprendre ce que sa petite fille avait fait, et l'embrassa tendrement.

« L'agneau t'appartient, lui dit-il ; élève-le, il s'attachera à toi, et ta bonne action sera récompensée par l'affection de cette bonne bête. »

Dès lors Bébé , c'est le nom qu'on lui donna, devint l'objet de tous les soins de la petite fille. Elle partageait son pain avec lui, et le menait paître l'herbe nouvelle, le long des haies du village et sur les bords des chemins.

L'agneau reconnaissant ne quittait pas sa
bienfaitrice. Il accourait, quand elle l'appe-
lait, il venait manger dans sa main ou folâ-
rait autour d'elle.

Dieu qui voulait payer Fanchette de sa
bonté, ne s'en tint pas à cette récompense.
Bébé était une brebis; elle produisit de petits
agneaux, qui en produisirent d'autres à leur
tour.

Peu d'années après, Fanchette avait un joli
troupeau, qui prospéra, grâce aux soins in-
telligents et bienveillants qu'elle en prit. Elle
put ainsi entourer de bien-être la vieillesse
de son père, qui était devenu infirme.

Et le bon vieillard ne cessait de remercier
Dieu de lui avoir donné une fille si bonne et
si dévouée.

<h2 style="text-align:center">V</h2>

Camille et Lucie.

Un jour, la petite Lucie vit une fauvette qui
portait un insecte à son bec, et qui entra dans
un massif de lilas.

En entr'ouvrant doucement les branches, elle aperçut un nid, au-dessus duquel cinq petits élevaient leurs têtes et ouvraient de larges becs, pour recevoir la nourriture que la fauvette leur apportait.

Car, sans s'inquiéter de la présence de la petite fille, qu'elle était habituée à voir dans le jardin, la mère allait et venait sans cesse, afin de pourvoir aux besoins de ses chers petits.

Lucie appela son frère Camille, pour être témoin de ce spectacle touchant.

Camille aussitôt voulut s'emparer du nid. — Nous éleverons les petits, dit-il ; et quand ils seront grands, nous les mettrons en cage. C'est si agréable d'avoir des oiseaux !

— Non, mon frère, ne fais pas cela, je t'en prie, dit Lucie. Enlever ces pauvres petits à l'amour de leur mère, ce serait bien mal. Songe un peu quel serait le désespoir de maman, si un méchant homme venait lui enlever notre sœur Hélène, qui est encore au berceau ! Eh bien, je suis sûre que cette pauvre fauvette éprouverait autant de chagrin si nous lui prenions ses petits.

Camille, qui était fort étourdi, mais qui avait bon cœur, embrassa sa sœur.

Tu as raison, lui dit-il, loin d'enlever ces petits oiseaux, protégeons-les, et veillons à ce qu'il ne leur arrive pas malheur. Quand ils seront grands, ils chanteront sur les arbres du jardin, et leurs chansonnettes nous feront encore plus de plaisir que s'ils étaient en cage.

CHAPITRE VII

AMOUR DU TRAVAIL.

I

L'homme est né pour travailler. C'est seulement par le travail qu'il peut se procurer les choses dont il a besoin.

Pour que nous mangions du pain, il faut que le laboureur, avant l'hiver, ouvre le sein de la terre avec sa charrue; qu'ensuite il y sème le grain et le recouvre avec la herse;

Puis, quand la chaleur de l'été a mûri les épis, il faut que les moissonneurs viennent les couper et les rassemblent en gerbes;

Il faut que, dans la grange où l'on a transporté ces gerbes, les batteurs, avec leurs fléaux, séparent le blé de la paille ;

Il faut que le meunier, en écrasant le grain sous les meules, sépare la farine du son ;

Enfin il faut que le boulanger ou la ménagère délaye cette farine dans de l'eau, et en fasse une pâte qui se cuit dans le four.

II

Pour que nous ayons des habits, il a fallu d'abord élever des moutons, dont ensuite la laine a été coupée.

Cette laine a été lavée, dégraissée et filée, soit à la main, soit au moyen d'une mécanique, puis des tisserands en ont fait du drap.

Ce drap a passé successivement par les mains du foulon, du teinturier, de l'apprêteur, et de beaucoup d'autres ouvriers, avant d'arriver chez le tailleur qui en fait nos habits.

Il en est de même pour les vêtements de femme, qu'ils soient en laine, en toile ou en soie ; tous ont occupé un grand nombre de personnes et sont le produit de leur travail combiné.

Nos habitations, nos meubles, nos ustensiles, tous les objets qui nous entourent, ont également exigé le travail d'un grand nombre d'ouvriers.

III

Vous n'êtes pas encore assez forts, mes petits amis, pour vous livrer entièrement à un travail productif.

Cependant vous pouvez déjà, dans beaucoup de circonstances, vous associer en partie aux occupations de vos parents.

Ceux de vous qui habitent la campagne, peuvent prendre part à beaucoup de travaux qui demandent peu de force ; ils peuvent donner quelques soins aux animaux. En les caressant, en leur adressant de bonnes paroles, ils s'en feront aimer.

En s'occupant ainsi, les enfants se fortifient; ils acquièrent la santé, la gaieté, et l'amour du travail.

Les petites filles doivent aider leur mère à entretenir l'ordre et la propreté dans la maison; elles doivent s'exercer au tricot, à la couture, à la broderie; elles doivent s'habituer à mettre chaque chose à sa place.

Profitez du temps où vous êtes à l'école pour apprendre à lire, à écrire et à compter. Ces connaissances sont nécessaires dans tous les états; appliquez-vous à les acquérir.

Évitez la honte de ces paresseux qui sortent de l'école aussi ignorants qu'ils y sont entrés, et qui n'étant propres à rien, seront toute leur vie méprisés par les gens sages et laborieux.

IV

Les deux jardins.

Un cultivateur avait donné à ses deux fils un petit terrain, afin que chacun d'eux pût s'y faire un jardin.

Paul et Albert se partagèrent le terrain en bons frères; puis ils se mirent à bêcher, chacun le lot qui leur était échu.

Mais Albert se lassa bien vite de ce travail. Bah! dit-il, je ferai le reste une autre fois.

Paul ne quitta la besogne que quand elle fut terminée; le lendemain, il demanda à son père des plants de fraisiers pour border ses plates-bandes, et des fleurs pour les orner.

Il y mit aussi deux groseilliers, qu'il avait arrachés avec beaucoup de précautions, de manière à ne pas trop endommager les racines ; et jusqu'à ce que ses plantations fussent bien reprises, il les arrosait chaque soir.

Il avait soin d'arracher toutes les mauvaises herbes qui croissaient dans ses plates-bandes. Son petit jardin faisait plaisir à voir.

Après plusieurs jours d'intervalle, Albert se remit à bêcher le sien. A l'exemple de son frère, il y mit aussi une bordure de fraisiers, mais, cela fait, il ne s'en occupa plus.

Qu'arriva-t-il? Ses plantations furent bientôt

étouffées par les mauvaises herbes, et desséchées par le soleil.

Au contraire, tout prospérait dans le jardin de Paul. Quand vint l'été, il y eut des fraises en abondance, et les deux groseilliers étaient magnifiques à voir : l'un tout couvert de belles groseilles blanches ; l'autre de groseilles rouges.

Comme Paul avait bon cœur, il partagea ses fruits avec son frère. Celui-ci était tout honteux de n'avoir rien à lui offrir en échange ; mais il comprit qu'en toutes choses on n'obtient rien sans travail, et l'année suivante il donna tous ses soins à son jardin.

V

Un jardin qui n'est pas cultivé, ne produit que des épines.

De même l'esprit des enfants, quand il n'est pas fécondé par l'étude et le travail, ne produit que des vices et des défauts.

On dit avec raison que l'oisiveté est la mère de tous les vices, tandis que la vigueur de l'esprit et la paix du cœur sont les heureux fruits du travail.

L'enfance est le printemps de la vie. Si, pendant qu'elle dure, vous cultivez dans votre âme les germes du bien, ces germes se développeront et fructifieront.

VI

Clémence et Caroline.

Un jeudi, dans l'après-midi, Caroline vint rendre visite à sa cousine Clémence, qu'elle trouva occupée à coudre.

— Permets-moi, ma chère Caroline, lui dit celle-ci, de continuer mon ouvrage qui presse. Je n'en causerai pas moins avec toi, tout en travaillant; et, si tu veux m'aider, voici du fil et des aiguilles.

— Comment, ma chère Clémence, toi dont les parents sont si riches, peux-tu t'astreindre à travailler ainsi? Coudre, c'est la tâche de ta femme de chambre, ce n'est pas la tienne.

— Je ne pense pas ainsi, répondit Clémence ; maman m'a fait entrer dans une société de jeunes personnes qui travaillent, un jour de la semaine, pour les pauvres. Trois dames sont à la tête de la société ; elles font la distribution du linge et des vêtements que nous confectionnons, car elles connaissent mieux que nous les besoins des malheureux.

— Oh ! je prierai maman de me faire entrer aussi dans cette société ; mais au lieu de coudre moi-même, j'en chargerai Zoé, la femme de chambre de maman ; elle est très-habile.

— Et pourquoi en charger Zoé ? Maman me dit souvent que c'est l'oisiveté et non le travail qui déshonore. D'ailleurs, il peut se faire que nous ayons un jour besoin de travailler pour nous-mêmes. En tout cas, travailler pour les pauvres est un devoir ; je puis te dire aussi que c'est un plaisir.

— Eh bien ! je veux en essayer. Je serai sans doute bien maladroite ; car je n'ai pas appris à coudre, mais Zoé me dira comment il faut s'y prendre. Et si tu le permets, ma bonne Clémence, tous les jeudis, je viendrai travailler avec toi.

Clémence embrassa sa cousine et l'engagea à essayer tout de suite. Elle lui enfila une aiguille et lui donna un travail bien facile. Caroline se piqua d'abord les doigts, ce qui fit beaucoup rire les deux jeunes filles ; mais elle ne tarda pas à se perfectionner, et aujourd'hui elle montre une grande ardeur à travailler pour les pauvres.

VII

Les travailleurs.

HENRIETTE.

Tu me dis souvent, chère mère, que nous devons tous travailler, que le travail est une condition essentielle de moralité et de bonheur, d'où vient que mon père ne travaille pas ?

LA MÈRE.

Dis-moi d'abord, ma chère fille, ce que tu entends par ce mot travailler ?

HENRIETTE.

Mais les hommes qui travaillent sont les paysans qui cultivent la terre, les maçons, les charpentiers, les menuisiers qui construisent les maisons: les forgerons qui façonnent le fer sur l'enclume; les tisserands qui fabriquent les étoffes, les tailleurs et les couturières qui cousent nos vêtements; les cordonniers qui font nos chaussures, et beaucoup d'autres artisans qui subviennent à nos besoins.

LA MÈRE.

En effet, ce sont là des ouvriers fort utiles; mais ces hommes travaillent principalement de leurs bras, et dans la société on peut obéir à la sainte loi du travail autrement qu'en se livrant à des travaux manuels.

HENRIETTE.

Explique-moi cela, je te prie ?

LA MÈRE.

Une société ne pourrait vivre sans lois. Eh bien, il y a des hommes qui, comme ton père, ont employé plusieurs années de leur vie à faire une étude approfondie des lois de leur pays. Plus tard, devenus magistrats, ils s'efforcent de prévenir les contestations qui s'élèvent souvent entre les particuliers, et ils les jugent, quand ils n'ont pu les concilier. Crois-tu que ces hommes, qui mettent toutes les facultés de leur intelligence à faire respecter les lois, ne soient pas des travailleurs aussi nécessaires au maintien de la société que les artisans dont tu parlais tout à l'heure?

HENRIETTE.

Je le comprends maintenant.

LA MÈRE.

Il en est de même des grands fonctionnaires qui administrent l'État ; des ministres de Dieu qui, en rappelant sans cesse aux hommes qu'ils sont tous égaux devant Dieu, qu'ils sont nés frères en misère et en espérance, les portent à la pratique des vertus chrétiennes.

Ils travaillent aussi les savants dont le génie développé par l'étude, perfectionne les arts et les sciences qui civilisent les nations; et ceux qui, appliquant leur intelligence aux besoins de l'industrie, ont inventé tant d'outils et de machines destinées à faciliter le travail de l'homme; et les écrivains qui éclairent notre esprit, éveillent de nobles sentiments dans nos âmes et nous forcent à réfléchir sur nos devoirs; et les artistes dont les œuvres excitent en nous le sentiment du beau et répondent aux aspirations les plus élevées de notre nature.

Il travaille aussi le médecin qui cherche les moyens de guérir ou d'adoucir nos infirmités et nos maladies; et le soldat qui se dévoue à la défense de la patrie; et l'instituteur et l'institutrice, qui pour développer le cœur et l'intelligence de leurs élèves, sacrifient leur temps, leur repos, souvent même leur santé.

HENRIETTE.

Je le vois, tous ces hommes, bien qu'ils ne travaillent pas de leurs bras, ne sont pas moins des travailleurs fort utiles.

LA MÈRE.

Elle travaille aussi la mère de famille qui se préoccupe des soins que réclament ses enfants, souvent au point de s'oublier elle-même; qui leur apprend à parler, à prier, et commence leur éducation; qui entretient dans sa maison l'ordre, la propreté, le bien-être, l'agrément que trouve le père de famille; qui donne à ses domestiques, quand elle en a, de bons conseils et de bons exemples; qui les stimule, en se montrant elle-même active et soigneuse, qui enfin s'occupe des indigents qu'elle secourt et console dans leurs besoins.

VIII

Les paysans.

Le mot paysan signifie l'homme du pays, c'est-à-dire l'homme qui nourrit et qui défend le pays.

C'est le paysan qui brave le froid et le chaud

pour féconder la terre, pour labourer, pour semer, pour planter, pour récolter.

C'est lui qui produit le pain et le vin, ces deux éléments principaux de la nourriture de l'homme dans nos climats; ces deux signes de la communion des chrétiens.

Sans le paysan, nous n'aurions ni la viande, ni le lard, ni le lait, ni le beurre, ni le fromage, ni les œufs, ni les légumes, ni les fruits, ni le miel, ni le sucre, ni l'huile, ni le cidre, ni la bière.

Sans lui, nous n'aurions ni la laine, ni le lin, ni le chanvre, ni le coton, ni la soie pour nos vêtements et pour nos ameublements; ni le cuir pour nos chaussures, ni le feutre pour nos chapeaux.

C'est le paysan qui abat les grands arbres de nos forêts; c'est lui qui tire de la carrière les pierres, l'ardoise, le marbre qui servent à la construction de nos maisons.

C'est lui qui extrait du sein de la terre la houille, le fer, le plomb, le cuivre, le zinc, l'argent, le sel, et toutes les matières indispensables aux arts et aux besoins de la société.

Le travail et les fatigues du paysan profitent
à tous.

* *

C'est aussi le paysan qui, comme soldat,
défend le pays, quand les frontières sont mena-
cées. Jamais il n'a manqué à l'appel de la patrie ;
il est prêt à arroser la terre de son sang, comme
il l'arrose de ses sueurs.

Plus robuste, plus accoutumé aux intempéries,
plus sobre, plus patient que l'habitant des
villes, le paysan supporte mieux les fatigues
de la guerre. C'est lui qui a porté aux extré-
mités du monde le drapeau de la civilisation, le
drapeau de la France.

Et quand il a payé sa dette à la patrie, il
revient finir sa paisible existence à l'ombre de
ses arbres et de son clocher.

Mais plus d'un paysan est parti soldat et
rentre dans ses foyers avec les épaulettes d'officier, plus d'un voit la croix de la légion
d'honneur briller sur sa poitrine.

Ainsi, sans le paysan, nous mourrions de faim ;

sans lui nous ne serions ni vêtus, ni logés, ni chauffés ; sans lui, le sol de la patrie risquerait d'être envahi par l'étranger.

Honorons donc le paysan !

*
* *

Il fut un temps où le paysan était un malheureux serf, que le seigneur de la terre avait le droit de vendre.

A une époque qui n'est pas fort éloignée, le paysan vivait dans la misère et l'ignorance la plus profonde.

Aujourd'hui, le paysan reçoit à l'école l'instruction et l'éducation qui font de lui un homme et un citoyen.

Aujourd'hui le paysan est propriétaire. Il n'est si pauvre manœuvre qui, avec du travail, de l'économie et une bonne conduite, ne parvienne à se créer un petit avoir.

L'ouvrier de la ville respire un air malsain dans des ateliers où trop d'hommes sont entassés ; son travail épuise ses forces et altère sa santé. Le paysan travaille en plein air. Il a bien, çà et là, de mauvais jours ; il est exposé au chaud, au froid, à la pluie, au vent, mais il s'y fait. Les occupations auxquelles il se livre, loin d'épuiser sa constitution, la fortifient. Il ressemble à ces plantes robustes et pleines de séve qui croissent à l'air libre, et ne craignent pas les intempéries.

Le travailleur de la ville manque souvent d'ouvrage. Des chômages prolongés réduisent sa famille à la gêne, parfois même à la misère : la terre est une meilleure mère que l'industrie, elle ne laisse pas sans aliments le paysan qui la cultive.

De nombreux enfants sont une ruine pour l'ouvrier des villes, ils sont une richesse pour le paysan.

*
* *

Le paysan a constamment sous les yeux les grandes scènes de la nature, les montagnes, les vallées, les forêts, les rivières, les ruisseaux, les vastes horizons.

Le bruit du vent dans le feuillage, le murmure

des eaux, les gaies chansons du pinson, de la fauvette, du chardonneret, du merle, du roitelet ; les hymnes touchants du rossignol, les soupirs de la tourterelle, les vifs accents de l'alouette qui monte dans les airs au-dessus de ses champs de blé, les cris des troupeaux qui se rendent aux champs ou qui reviennent au village, tels sont les concerts du paysan.

En écoutant ces innombrables voix de la création, son cœur vibre à l'unisson, et s'élève par un élan religieux jusqu'à Dieu, père de la vie et conservateur de tous les êtres.

Les sons de la cloche lointaine, le bruit de la cognée dans les forêts, le maillet du tonnelier, le rouet de la fileuse, les coups cadencés du fléau, le joyeux tic-tac du moulin, l'enclume qui résonne sous le marteau du forgeron, sont aussi une musique pour le paysan.

Le soleil qui se lève radieux dans un ciel sans nuages ; la rosée dont les gouttes étincèlent comme de petits diamants à la pointe des herbes ; l'aspect de la campagne quand, après une pluie abondante, tout revit, tout reverdit, tout fleurit, tout exhale une vivifiante senteur de végétation ; les teintes variées des feuilles ; les moissons, qui ondulent au souffle de la brise comme les vagues de la mer ; les grands bœufs qui ruminent agenouillés dans l'herbe, les moutons qui paissent, les agneaux qui bondissent ; l'étoile du berger qui se montre la première au firmament ; la lune qui se lève derrière les arbres ; les légères vapeurs qui, le soir, couvrent les prairies et qui s'évaporent aux premiers rayons du jour, enfin la fumée qui monte en tourbillonnant au-dessus de son toit, tels sont les spectacles du paysan.

* * *

Toute la nature proclame la grandeur, la puissance et la bonté de Dieu. Qui le sait mieux que le paysan ?

Pour le paysan comme pour le savant, la nature est un livre qui parle à l'esprit et au cœur, de la puissance et de la bonté de Dieu ; l'instruction qu'il a reçue à l'école lui permet de lire dans ce livre toujours ouvert devant ses yeux.

Dans le retour régulier des saisons, dans les

lois immuables de la nature, il voit les manifestations de la providence divine.

Le paysan laboure, sème, herse et sarcle; Dieu envoie la pluie qui fait germer la semence, et le soleil qui fait mûrir la moisson.

Le paysan, laborieux et intelligent, embellit son domaine ; il l'entoure de fleurs et de fruits ; il fait couler les eaux stagnantes, répare les chemins et rend les abords de son habitation faciles ; il transforme les marécages en prairies, les landes en terres fertiles. Il ne laisse pas croître les herbes nuisibles ni dans ses champs ni dans ses prairies. Dès que le cri du coq vigilant annonce le jour, le paysan est debout; il se rend à son travail et voit le lever du soleil, que les oiseaux saluent de leurs chants joyeux.

Il ne se lance pas à corps perdu dans toutes les innovations, mais il se dégage de l'esprit étroit de la routine. Il s'instruit et sans s'exposer à des revers, en voulant tout changer, il entre sagement dans la voie du progrès.

Le paysan aime ses animaux domestiques, et il sait s'en faire aimer. Ses bœufs le regardent d'un œil caressant : ses chevaux hennissent de

joie à son approche; ses brebis obéissent à sa
voix, ses pigeons viennent ramasser la graine à
ses pieds, ses abeilles mêmes le connaissent.
Quand ses animaux sont heureux, le paysan
l'est aussi.

Il protége les animaux qui, tout en vivant à
l'état de liberté, lui rendent des services : tels
que les petits oiseaux, ces bons échenilleurs
sans lesquels nous n'aurions ni fruits ni légumes ; tels que les chats-huants, ces grands
destructeurs de souris, de mulots et de loirs ;
tels que les hérissons et les musettes qui vivent
de limaces et d'insectes nuisibles.

Sa journée terminée, le paysan revient s'as-
seoir au foyer domestique où l'attend sa famille ; puis il goûte un sommeil réparateur
que ne trouble pas le souvenir des vains plaisirs de la ville.

.*.

Le paysan travaille toute la semaine, mais, à
moins de travaux urgents, il se repose le dimanche et laisse reposer les animaux domestiques,

ses bons serviteurs. Le dimanche n'est-il pas le jour consacré au Seigneur?

Le paysan ne chôme pas le lundi, comme tant d'ouvriers de la ville, qui passent ce jour-là dans les cabarets; il sait qu'une journée ainsi employée n'est pas une journée de repos, mais de fatigue pour le corps et d'abrutissement pour l'esprit.

Il est beau le paysan quand, aux premiers jours du printemps, il ouvre le sein de la terre avec une solide charrue attelée de bons chevaux ou de beaux bœufs, qu'il dirige en chantant.

Il est heureux le paysan quand, le dimanche, en se promenant le long de ses champs, il voit ses semences bien levées, et l'espérance qui plane au-dessus de ses sillons.

Il est heureux quand il fauche ses prairies, ses trèfles, ses luzernes, ses sainfoins; quand il coupe son blé, son seigle, son orge, son avoine; quand il cueille ses pommes, quand il vendange sa vigne; quand il ramène à la ferme ses voitures de foin odorant, de gerbes dorées, et les paniers remplis de fruits et de raisin.

C'est au village qu'on trouve la vie calme et

l'emploi de ses facultés de la manière la plus utile aux hommes et la plus agréable à Dieu.

Le paysan connaît l'assistance mutuelle. Quand un pauvre habitant de la commune est malade, les autres lui prêtent secours : ils labourent son champ et font sa moisson sans rien demander pour leur peine.

Le paysan est heureux, et il mérite de l'être.

IX

Roger l'ivrogne.

Roger était un apprenti serrurier, honnête et laborieux.

Un matin, comme il se rendait à son travail, un camarade l'engagea à entrer avec lui dans un café, pour y prendre un petit verre d'absinthe.

Roger refusa d'abord, sachant bien que les liqueurs fortes sont nuisibles à la santé; pourtant la crainte de désobliger son camarade fit qu'il se laissa entraîner par lui.

L'absinthe ne lui parut pas fort agréable à boire, mais il lui sembla qu'après l'avoir bue il éprouvait un certain bien-être et qu'il se sentait plus de forces pour le travail

Il retourna donc au café le lendemain et les jours suivants. Bientôt un petit verre ne lui suffit plus; il en prit deux, puis trois, puis un plus grand nombre. L'action stimulante de la boisson le rendait bavard, et il entonnait volontiers quelque chanson joyeuse.

Il se rendait plus tard à son travail, qu'il interrompait souvent, parce qu'à la joie extravagante de l'ivresse succédait un profond accablement; il allait puiser dans la liqueur funeste une nouvelle excitation.

Les parents de Roger étant venus à mourir, il hérita d'une fortune honnête. Il aurait pu s'établir à son compte, mais il n'y songea pas; il abandonna son atelier et passait ses journées en allant de café en café.

Ses camarades l'appelaient *Roger bon temps;* mais les gens sensés l'appelaient *Roger l'ivrogne.*

L'héritage s'en allait grand train. Chaque jour, Roger absorbait force petits verres d'absinthe, d'eau-de-vie ou de kirsch, le matin à jeun; puis avant le repas pour se mettre en appétit ; puis après le repas, pour stimuler son estomac qui digérait mal; enfin il buvait partout et à toute heure.

Quand il était ivre, il devenait irascible et cherchait querelle à tout le monde. Il fit connaissance avec la police correctionnelle et fut condamné à trois mois de prison, mais cela ne le corrigea pas.

Il ne tarda pas à être atteint d'un tremblement nerveux ; son intelligence s'obscurcit, son regard terne et son air hébété l'annonçaient assez.

Un matin de décembre on le trouva la face dans une ornière. La veille, il avait bu plus que de coutume; sorti du cabaret à une heure avancée de la nuit, il était tombé en cherchant à gagner son domicile, et n'avait pas eu la force de se relever. Le froid l'avait saisi et il était mort.

On l'enterra par charité ; non-seulement il

était ruiné, mais il avait fait des dettes. Dans la commune qu'il habitait, son nom, quand il est prononcé, n'excite qu'un sentiment de mépris et de dégoût.

On a dit avec raison que le gosier de l'ivrogne est comme un tonneau sans fond. En peu d'années ses économies, l'héritage de ses parents, son mobilier, pièce par pièce, et ce qu'il y a de plus triste à dire, sa réputation, son honneur, tout y passe, tout s'y engloutit; et le tonneau reste toujours à remplir.

Les domestiques.

I

Parmi les travailleurs, les domestiques forment une classe nombreuse, et par les services qu'ils rendent une des classes les plus utiles de la société.

Ce sont eux qui préparent notre nourriture, qui sont chargés des gros ouvrages et entretiennent l'ordre et la propreté dans nos habitations; ce sont eux qui, à la campagne, prennent soin des animaux domestiques, et assistent le cultivateur dans tous les détails du ménage agricole.

Tout homme dont la conduite est sans reproche a droit à l'estime et à la considération.

Un bon domestique, une bonne servante, méritent donc tous nos égards.

Les enfants qui traitent les domestiques avec arrogance, manquent tout à la fois de bon sens et de cœur.

Ceux qui se montrent les plus exigeants, et voudraient des domestiques sans défauts, sont ordinairement ceux qui ont le plus de défauts.

II

Nous devons, disait un ancien, regarder nos serviteurs comme des amis malheureux.

Ne leur faisons pas sentir trop durement l'infériorité de leur condition, n'exigeons pas d'eux un travail au-dessus de leurs forces.

Lorsqu'ils sont malades, assistons-les, secourons-les ; qu'il ne leur manque rien de ce qui peut amener leur guérison.

Quand ils nous ont fidèlement servis et qu'ils deviennent vieux, ne les laissons pas dans le besoin.

Enfin, traitons-les comme nous désirerions être traités par eux, si nous nous trouvions à leur place.

« Aimez-vous les uns les autres,» a dit le divin Maître. Ce précepte est la source de toute paix, de toute justice, pour les maîtres et pour les serviteurs.

III

Catherine.

Catherine était, depuis plusieurs années, au service d'une vieille dame qui fut ruinée par la faillite d'un banquier, auquel elle avait confié toute sa fortune.

Quand celle-ci apprit ce cruel événement, elle donna congé de l'appartement qu'elle occupait et loua une seule chambre dans un des faubourgs de la ville ; puis elle dit à Catherine que, n'ayant plus le moyen de se faire servir, elle ne pouvait la garder, et elle l'engagea à chercher une autre condition.

Mais Catherine la supplia de lui permettre de rester avec elle.

— Je suis jeune et forte, lui dit-elle ; puisque vous n'allez plus occuper qu'une seule chambre, votre ménage sera bientôt fait, et il me restera beaucoup de temps pour travailler ; vous avez toujours été bonne pour moi au temps de votre prospérité, je m'estimerai heureuse si je puis adoucir votre infortune.

Des larmes de reconnaissance coulèrent des yeux de la vieille dame, qui dut céder aux instances de la jeune servante.

Catherine se procura des ouvrages de couture, et le fruit de son travail était consacré à subvenir aux besoins de sa maîtresse.

La vieille dame tomba malade ; le travail des nuits, joint à celui du jour, permit à Catherine de l'assister dans cette nouvelle épreuve.

Au milieu de ses fatigues et de ses privations, Catherine ne se laissait pas abattre. Elle consolait sa maîtresse, la soignait avec le dévouement d'une bonne fille, et s'applaudissait de la résolution qu'elle avait prise de ne pas quitter la pauvre dame.

Enfin celle-ci guérit. Quand au bout de deux ans la faillite du banquier fut liquidée, la vieille dame récupéra une certaine somme qu'elle plaça en rente viagère sur sa tête et sur celle de Catherine, qu'elle traita désormais non plus comme une domestique, mais comme une amie.

CHAPITRE VIII

AMOUR DE L'ORDRE ET DE LA PROPRETÉ.

I

Ce n'est pas tout d'aimer le travail, il faut encore aimer l'ordre, qui consiste à faire chaque chose en son temps et à mettre chaque chose à sa place ; autrement on perd son temps à chercher, et tout se fait mal.

Il faut aussi aimer la propreté non-seulement sur sa personne, mais sur ses vêtements, sur les objets dont on se sert, et dans le lieu qu'on habite.

Il y a des enfants dont l'aspect est repoussant, tant ils sont sales. Leurs habits sont toujours malpropres et en désordre, leurs livres et leurs cahiers crasseux et déchirés.

Évitez ce vilain défaut. La malpropreté dénote une âme basse et nous fait mépriser.

Une jeune fille doit aider sa mère à maintenir l'ordre et la propreté dans l'habitation ; elle doit s'appliquer à faire bien ce qu'on lui commande et à le faire proprement.

Il n'y a pas d'objet plus dégoûtant au monde qu'une jeune fille sale.

La propreté est l'ornement et le luxe des habitations modestes.

Quand vous entrez dans une maison où règnent l'ordre et la propreté, n'est-il pas vrai que vous éprouvez un sentiment de bien-être, tandis qu'une maison en désordre vous inspire la tristesse et le dégoût.

On dort d'un meilleur sommeil dans une chambre bien tenue; on mange d'un meilleur appétit sur une table proprement servie.

Une fois établie et passée dans les habitudes, la propreté n'exige pas des soins extraordinaires : elle se maintient comme d'elle-même.

La propreté conserve le linge, les vêtements, les meubles, les ustensiles et la vaisselle ; rien n'est plus agréable à la vue, rien ne contribue plus puissamment à l'entretien de la santé.

La plus grande propreté doit être maintenue dans l'habitation des animaux domestiques ; c'est le moyen de leur épargner des maladies.

II

Adèle.

Adèle avait quinze ans. Ayant perdu sa mère, elle vivait avec son père, commis dans une des principales maisons de commerce à Bruxelles.

C'est elle qui était chargée du ménage,

ménage bien simple ; car ses parents n'avaient jamais été riches, et la maladie de la mère d'Adèle avait été longue et fort coûteuse.

Adèle n'avait pas d'ordre. Bien souvent, quand son père rentrait pour dîner, rien n'était prêt ; elle ne maintenait pas la propreté dans la maison, n'avait pas le soin convenable ni du linge ni des vêtements de son père et des siens.

Le pauvre père patientait et recommandait à sa fille d'être plus soigneuse. Adèle le promettait, mais bientôt sa nonchalance l'emportait ; le désordre et la malpropreté s'introduisaient de nouveau dans la maison.

Un matin, au moment de partir pour se rendre à son bureau, le père s'aperçut qu'il manquait un bouton à son habit, et il appela sa fille pour en remettre un ; mais Adèle, au lieu d'avoir une boite à ouvrage fournie de tout ce qui est nécessaire pour réparer le linge et les vêtements, n'avait jamais rien sous la main.

Elle chercha longtemps dans les tiroirs de la commode, et n'y trouvant pas de boutons, elle prit un autre habit de son père pour en découdre un.

Autre embarras : pour découdre un bouton il faut des ciseaux, et Adèle ne savait ce que les siens étaient devenus. Quand elle les eût enfin trouvés, il lui fallut chercher du fil, une aiguille, son dé à coudre ; tous ces objets étaient éparpillés ; puis l'écheveau de fil était embrouillé, et il n'était pas facile de le démêler.

Le temps se passait, le pauvre père s'impatientait ; enfin, l'habit réparé, il sortit, sans embrasser sa fille comme il le faisait ordinairement ; et comme il était en retard de plus d'une demi-heure il voulut courir, mais il ne s'aperçut pas qu'on avait déposé des pavés dans la rue, il s'y heurta et tomba.

Non-seulement il s'écorcha les jambes dans sa chute, mais ses vêtements furent couverts de boue. Il dut rentrer à la maison pour s'essuyer ; tout cela prit du temps, et quand il arriva à son magasin il fut mal reçu par le patron.

En se pressant pour regagner le temps perdu, il se trompa dans ses calculs ; bref, son travail fut si mal fait qu'à la fin de la journée le patron lui donna son congé.

Le pauvre père rentra chez lui le cœur serré,

et annonça à sa fille qu'il était sans place. Adèle se mit à fondre en larmes et promit à son père d'avoir plus d'ordre à l'avenir.

Le commis employa tout un mois à chercher un autre emploi, mais en vain; la misère arrivait, Adèle prit une bonne résolution. Sans en rien dire à son père, elle se rendit auprès du chef de la maison de commerce, et se jetant à ses pieds, elle lui déclara que c'était son défaut d'ordre qui avait empêché, plusieurs fois, son père d'arriver à l'heure au magasin.

Le marchand, attendri par les larmes et les prières de cette jeune fille, consentit à reprendre son commis. Adèle se corrigea de son vilain défaut; elle s'accoutuma si bien à l'ordre, à la propreté et au travail, qu'on la citait comme un modèle.

Toutes les jeunes filles négligentes ne reçoivent pas une aussi forte leçon; et plus tard elles portent dans leur ménage des habitudes de désordre et un défaut d'économie, qui insensiblement amènent la ruine du mari.

III

L'épingle.

Un jeune homme, sans fortune et sans protecteurs, était venu à Paris pour solliciter un emploi. Il était porteur d'une lettre de recommandation pour un riche banquier auquel il s'empressa de la porter.

Le banquier le reçut fort froidement : après avoir lu la lettre, il lui déclara qu'il n'y avait pas de place vacante dans ses bureaux, et lui conseilla de retourner dans son département.

Le refus était si formel que le jeune homme n'insista pas; au moment où il allait se retirer, il aperçut une épingle à terre, et se baissant pour la ramasser, il la déposa sur le bureau.

Cette action si simple changea les dispositions du banquier : il se dit que ce jeune homme devait être doué d'un esprit d'ordre et d'économie. Il le rappela donc au moment où celui-ci entr'ouvrait la porte pour sortir, il le fit causer, et reconnaissant que ce jeune homme avait reçu une bonne éducation, il le retint pour commis.

Il n'eut pas lieu de s'en repentir. Le jeune homme se distingua bientôt par son ordre et par le soin qu'il mit à traiter toutes les affaires dont on le chargea. Le banquier apprit en outre que sur ses appointements, bien minces au commencement, le jeune homme trouvait le moyen d'assister une vieille tante, pauvre et infirme.

Bref, il fut si satisfait des bonnes qualités de son jeune commis, qu'au bout de quelques années il en fit son associé, et qu'il lui donna sa fille en mariage.

CHAPITRE IX

PRÉCEPTES ET RÈGLES DE CONDUITE.

I

Aimez Dieu de toute votre cœur, de toute votre âme et de toutes vos facultés.

Priez Dieu, tous les matins en vous levant,

et tous les soirs en vous couchant, et deman-
dez-lui la sagesse et la piété.

Aimez et honorez votre père et votre mère,
obéissez à tout ce qu'ils vous commandent.

Celui qui honore son père et sa mère, amasse
un trésor dans le ciel.

Soyez respectueux envers vos maîtres et vos
supérieurs.

Soyez bons et affectueux avec vos frères et
sœurs. Montrez-vous empressés à les aider et à
les obliger, dans toutes les circonstances de
votre vie.

L'union des frères fait la gloire et le bonheur
des parents.

Les frères désunis vivent dans l'opprobre et
meurent dans le mépris, suivant cette parole de
l'Évangile : toute maison divisée contre elle-
même périra.

Soyez polis avec les domestiques. Remerciez-
les quand ils vous ont rendu quelque service.
Commander avec arrogance est le fait d'un sot
et d'un mauvais cœur.

Aimez la France. Elle est votre seconde
mère. Rendez-vous dignes d'elle, en remplissant

vos devoirs, en aimant et en pratiquant la vertu.

La véritable gloire des peuples, comme celle des individus, se mesure sur leur dévouement à la patrie.

II

Témoignez du respect et de la déférence aux personnes âgées.

Soyez polis et affables envers vos camarades; agissez avec eux comme vous désirez qu'ils agissent avec vous.

Ne méprisez pas ceux d'entre eux qui sont au-dessous de vous par leur position sociale ou par leurs talents : tel élève a peu de dispositions, mais il a souvent des qualités qui le rendent meilleur que la plupart de ses condisciples mieux doués que lui.

Évitez la grossièreté dans les paroles et dans les manières : elle est la marque d'une mauvaise éducation et elle révolte les personnes bien élevées.

Il n'y a d'amitié sincère qu'entre les honnêtes gens.

Celui qui se lie avec des compagnons pervers ne tarde pas à se pervertir lui-même.

Un seul grain pourri peut gâter toute la grappe; un seul compagnon vicieux peut corrompre tous les autres.

Donnez à boire à celui qui a soif, et à manger à celui qui a faim.

Dieu nous a promis que celui qui donne un verre d'eau à un pauvre, en recevra la récompense.

La charité consiste non-seulement à soulager ceux qui souffrent, mais aussi à consoler ceux qui sont affligés.

Un homme sans charité est comme un arbre qui ne porte pas de fruits.

Une parole bienveillante répand un baume sur les souffrances des malheureux.

La patience émousse peu à peu les aspérités les plus rudes, adoucit les caractères les plus farouches. Que rien ne l'épuise en vous, ni les paroles irritantes, ni les vivacités provocantes. Soyez comme la vigne, dont le suc est d'autant plus doux qu'elle croît dans une terre pierreuse.

La charité est un soleil qui échauffe et qui vivifie tout.

Faites aux autres ce que vous voudriez qu'ils fissent pour vous.

III

L'homme a des devoirs à remplir envers lui-même.

Il doit chercher toutes les occasions d'éclairer son esprit et de purifier son cœur.

L'instruction féconde le travail, et dispose le cœur aux sentiments affectueux. Elle révèle à l'homme sa propre dignité; elle l'élève à la condition d'être intelligent et libre que Dieu lui a préparée.

L'étude fortifie l'intelligence, elle chasse l'ennui, distrait le chagrin et adoucit la douleur; elle calme les haines, elle anime et peuple la solitude.

Un bon livre est un ami qu'on trouve quand on en a besoin, et dont la société est toujours agréable.

L'homme doit fortifier son corps par l'exercice, afin de pouvoir supporter les fatigues du travail et, au besoin, se dévouer pour les autres.

Un philosophe de l'antiquité disait que l'homme de bien doit posséder une âme saine dans un corps sain. Rappelez-vous que les passions basses, les sentiments haineux, les excès de boisson, le libertinage, la malpropreté, la paresse, altèrent à la fois la santé de l'âme et la santé du corps; tandis que les passions nobles, la piété, la bonté, la sobriété, la tempérance, le respect de soi-même, le travail, la propreté, maintiennent l'âme et le corps en santé.

Gouverner virilement son esprit et son corps, c'est le grand signe de la force et de la dignité.

L'intempérance ruine le corps, obscurcit l'intelligence et dégrade l'âme.

Les cabarets sont des lieux où l'on vend la folie par bouteille et la ruine par petits verres.

Au cabaret on perd son temps, sa santé et son argent.

Savez-vous ce que boit l'ivrogne dans le

verre qui vacille dans sa main agitée d'un tremblement nerveux? Il boit sa réputation et son honneur, il boit souvent la vie de sa femme et de ses enfants.

De tristes maladies et un nom sans honneur, voilà le seul héritage que le débauché laisse ordinairement à ses enfants.

Ne vous rendez jamais les esclaves de besoins factices : le tabac et l'absinthe ont causé la ruine de plus d'une famille d'ouvrier.

Ne souffrez aucune malpropreté ni sur votre corps, ni sur vos habits, ni dans votre maison.

Les anciens regardaient la propreté du corps comme l'emblème de la pureté de l'âme.

L'air pur est un bon médecin, ne craignez pas d'ouvrir vos fenêtres pour le laisser entrer. Ce docteur-là ne réclame pas d'honoraires pour ses visites.

Il semble que Dieu ait mis l'eau partout afin de rendre la propreté facile. C'est une dépravation que de se plaire dans l'ordure.

La plupart des maladies sont le résultat de l'ignorance, du défaut de soins et de la malpropreté.

Donc de l'air, de l'eau et des soins! pour les gens comme pour les bêtes, c'est la santé.

IV

Rien n'est plus odieux que le mensonge; il outrage Dieu et trompe les hommes.

La parole a été donnée à l'homme pour communiquer aux autres ses pensées, telles qu'elles sont au fond de son cœur.

C'est abuser de ce don divin que de parler sans réflexion, de se livrer à un vain bavardage et de débiter des niaiseries.

C'est faire de la parole un emploi coupable que d'en user pour altérer la vérité, pour mentir honteusement, pour proférer des discours que réprouve la décence.

C'est faire de la parole un usage encore plus coupable que de s'en servir pour révéler sans nécessité les fautes du prochain, pour porter un faux témoignage, pour propager d'odieuses médisances et de fausses accusations.

Servons-nous de la parole pour remercier Dieu, le père de tout bien; servons-nous-en pour répandre des consolations dans le cœur de ceux qui souffrent.

Honneur à celui qui met sa parole au service de la vérité, de la justice, de la charité !

Honte à celui qui se sert de la parole pour le mensonge, pour la dissimulation, pour la fraude, pour la médisance et la calomnie !

Ne dites pas : chacun fait cela, je puis bien faire comme les autres. Les fautes d'autrui ne doivent pas nous tranquilliser sur les nôtres.

Ce qu'il faut suivre, ce ne sont pas les mauvais exemples, ce sont les bons.

Le travail est la loi de l'humanité : il fortifie les mœurs ; il enfante les vertus qui contribuent le plus à la grandeur d'un peuple ; il fonde les fortunes honorables.

Toute profession honore l'homme, quand elle est exercée avec intelligence et probité.

La paresse trouve tout difficile ; le travail trouve tout aisé.

La paresse rend l'esprit lourd, le cœur insensible et la main maladroite.

L'homme qui travaille n'a guère que de

bonnes pensées; celui qui ne fait rien est bien près de mal faire.

Comme la prière, le travail purifie.

Par le travail et l'ordre, le pauvre acquiert l'aisance ; avec l'oisiveté et le désordre, le riche se ruine.

Ne remettez pas au lendemain ce que vous pouvez faire le jour même.

Ayez une place pour chaque chose, et mettez chaque chose à sa place.

Faites chaque chose en son temps. La régularité, c'est l'ordre dans le travail.

Le bon emploi du temps c'est le contentement, c'est la paix, c'est l'aisance noblement acquise ; la perte du temps, c'est l'ennui, c'est le dégoût, c'est la misère.

On remarque que la plupart des paresseux sont des égoïstes ; la paresse détruit donc les plus belles qualités de l'âme et la bonté du cœur.

N'entreprenez rien sans avoir réfléchi ; mais quand votre résolution est prise, exécutez-la avec courage et persévérance. Aimer son état, c'est le moyen d'y réussir.

Il est certains travaux qui ne peuvent s'exécuter que par les efforts réunis de plusieurs personnes ; l'association double les forces individuelles : on a dit avec raison que trois, s'aidant l'un l'autre, font la besogne de six. On voit certains animaux, même parmi les insectes, s'associer pour exécuter en commun ce qu'un seul ne pourrait faire.

Dans un travail entrepris par association, chacun doit remplir sa tâche avec zèle et subordonner son propre intérêt à l'intérêt commun : tout ce qui est utile à la ruche est utile à l'abeille.

V

Voici le portrait de la femme forte, tel que le grand roi Salomon l'a tracé dans le livre des *Proverbes* :

« Qui trouvera une femme forte ? elle est d'un prix qui l'emporte sur toutes les pierreries.

» Le cœur de son époux se confie en elle, et il voit les richesses s'accroître dans sa maison.

» Elle lui apportera le bien et non le mal, tous les jours de sa vie.

» Elle travaille le lin et la laine, et la ré-flexion préside à l'ouvrage de ses mains.

» Elle se lève de grand matin, distribue la laine à ses servantes et donne à chacune d'elles sa tâche.

» Elle a vu un champ et l'a acheté; elle a planté une vigne du fruit de son travail.

» Elle a ceint ses reins de force, elle a affermi ses bras.

» Elle a compris et vu que ses œuvres sont bonnes; sa lampe ne s'est pas éteinte durant la nuit.

» Elle a porté la main à la quenouille et ses doigts ont tourné le fuseau.

» Elle a ouvert sa main au pauvre; elle a tendu ses deux mains vers l'indigent.

» Elle ne craint pas l'hiver pour sa maison, parce que tous ses serviteurs ont deux vête-ments.

» Elle ourdit la toile et la vend.

» Elle est revêtue de force et de beauté, et son dernier jour sera plein de joie.

» Elle a ouvert sa bouche à la sagesse, et
une loi de clémence est sur ses lèvres.

» Elle a veillé sur les pas des siens et n'a pas
mangé le pain de l'oisiveté.

» Ses fils se sont levés et l'ont appelée bien-
heureuse ; son époux s'est levé et a dit à sa
louange : Plusieurs entre les femmes ont
brillé par leurs vertus ; mais, toi, tu les a
toutes surpassées. »

De nos jours, il est rare qu'une femme ait à
tourner le fuseau, à travailler la laine et le lin,
à ourdir la toile.

Mais de nos jours, comme au temps de Salomon, la bonne épouse est chaste, laborieuse,
vigilante, économe ; elle distribue la tâche à ses
domestiques, les encourage au travail, les dirige, et veille à leur bien-être ; elle cherche à
augmenter la prospérité de sa maison ; elle inspire la confiance au cœur de son époux ; elle
élève ses enfants dans l'amour de Dieu, dans la
pratique du bien ; elle leur donne l'exemple de
la charité et de toutes les vertus. Il ne sort
de sa bouche que des paroles bienveillantes et

des conseils pleins de sagesse. Elle vit heureuse, et à sa mort le souvenir de ses bonnes qualités est un riche héritage qu'elle laisse à sa famille.

Au contraire la femme légère et coquette, la femme qui ne songe qu'à sa toilette et à ses plaisirs, la femme sans ordre et paresseuse, la femme grondeuse et acariâtre, la femme curieuse et médisante, la femme qui oublie ses devoirs, fait le malheur de son époux et de ses enfants : elle est l'opprobre et la ruine de sa maison.

Jeune fille, quelle que soit ta position, prends la ferme résolution de devenir une bonne épouse, une bonne mère de famille, une *femme forte*, suivant l'expression du roi Salomon.

Et toi, jeune homme, songe de bonne heure à te rendre digne d'avoir une telle femme pour ta compagne.

VI

Si tu aimes Dieu de tout ton cœur, tu aimeras pareillement les hommes, tes frères. Tu auras aussi de la pitié et de l'affection pour les animaux qu'il t'a donnés pour être tes serviteurs et tes tributaires.

Celui qui s'habitue à commettre des cruautés envers les animaux, finira par commettre des crimes envers les hommes. Dieu ne nous a pas donné deux cœurs, l'un cruel pour les animaux, l'autre bienveillant pour les hommes.

Plus l'intelligence et la raison de l'homme ont été développées par l'éducation, mieux il comprend ses devoirs envers les créatures de Dieu; ce sont les ignorants et les petits esprits qui se montrent insensibles aux souffrances des animaux.

Laboureur, aime et soigne bien tes bœufs. Ils sont les serviteurs les plus utiles de la ferme et le soutien du ménage agricole : c'est à eux que tu dois la plus grande partie de la riche moisson qui remplit ta grange.

Fermière, aime et soigne bien ta vache. Elle a besoin de ménagements et de caresses ; c'est à elle dont la mamelle intarissable fournit le lait, premier aliment de l'enfance; le beurre, assaisonnement de la plupart de nos mets, et le fromage, dont tant d'ouvriers font avec le pain leur nourriture la plus ordinaire.

Berger, aime et soigne bien ton troupeau. Que tes chiens soient dressés à ne jamais mordre les brebis. Ils peuvent par de simples manœuvres maintenir le bon ordre parmi elles et protéger le champ du voisin contre leur convoitise.

Cavalier, aime et soigne ton cheval. Il abrége la route et t'épargne la fatigue; si tu l'aimes, il deviendra ton ami. Plus d'un cavalier, dans un jour de bataille, a dû son salut à l'intelligence, au courage et à l'affection de son cheval.

Voiturier, aime et soigne bien ton attelage. Les imprécations et les coups de fouet sont un détestable moyen de le diriger. Les chevaux maltraités obéissent mal et se fatiguent en pure perte; mais ils ne résistent jamais à l'ordre qu'on leur donne, quand ils le comprennent; or ils comprennent mieux, quand on emploie la douceur et non la brutalité.

Quand on a entendu raconter tant de traits de dévouement du chien, quand on sait les services qu'il rend, on se demande comment il y

a des enfants assez méchants pour se faire un
jeu de le maltraiter.

VII

Franklin disait à un jeune ouvrier qui se
plaignait de sa misère : « Mon ami, je vais
t'apprendre le secret d'avoir toujours de l'argent dans ta poche. Pour cela, il suffit d'ob-
server deux règles très-simples : premièrement
sois toujours honnête et laborieux; secon-
dement, dépense toujours un sou de moins
que tu ne gagnes. Peu à peu ton gousset se remplira; les créanciers ne te tracasseront pas;
tu seras vraiment un homme, car tu seras
indépendant. »

Si vous voulez arriver à l'aisance, n'apprenez
pas seulement comment on gagne, sachez aussi
comment on épargne. Un peu répété fait beaucoup.

Prenez garde aux menues dépenses. Quand
elles sont journalières, les plus petites dépenses finissent par s'élever à une grosse
somme. La ruine peut arriver à la suite : une

petite voie d'eau fait périr un grand navire.

Défiez-vous du bon marché qui vous fait acheter des choses inutiles et ordinairement de mauvaise qualité. Une chose dont on n'a pas besoin est toujours trop chère.

N'achetez pas à crédit : en affaires de ménage le crédit est ruineux. Ne prodiguez ni le temps ni l'argent, et faites de l'un et de l'autre le meilleur usage. Sans l'assiduité, sans l'ordre et sans la sobriété, on n'arrive à rien.

Le défaut de soin fait plus de tort que le défaut de savoir.

Avec l'ordre on gagne du temps ; et le temps bien employé, c'est de l'argent.

Le pauvre qui veut singer le riche est aussi fou que la grenouille qui s'enflerait pour égaler la taille du bœuf.

Une robe de soie recouvre souvent une jupe en guenilles, et celle qui porte un chapeau de velours n'a pas toujours un bonnet de nuit. Il faut rire de ces sottes vanités et se garder de les imiter.

Évitez les jeux de hasard qui éveillent l'amour du gain : c'est une passion qui tôt ou tard conduit à la ruine ou à la mauvaise foi.

Les divertissements doivent divertir. Les jeux de hasard ne divertissent pas, mais sont des occupations violentes. Voyez la joie féroce de ceux qui gagnent et le désespoir de ceux qui perdent, et dites-moi si ces gens-là s'amusent.

Il faut bien se divertir un peu après le travail, disent certaines gens ; ceux qui parlent ainsi sont presque toujours ceux qui ne travaillent jamais.

La petite économie est bien puissante surtout quand elle est fécondée par l'association : c'est le filet d'eau qui sort de terre, qui grossit à mesure qu'il chemine et finit par devenir une rivière.

Si vous avez des employés, surveillez-les, dirigez-les : celui qui fait ses affaires par autrui sans s'en occuper lui-même, ira à l'hôpital en personne.

VIII

Le spectacle de la nature offre à nos regards des leçons qui ne doivent pas être perdues.

Le chien nous donne l'exemple de la fidélité et du dévouement ; la fourmi, du travail et de l'activité ; l'abeille, du sacrifice des intérêts privés à l'intérêt général ; le cheval, de l'intrépidité et du courage ; l'âne, de la patience et de l'humilité ; le chameau, de la constance et de la sobriété. L'agneau est l'emblème de la douceur ; la colombe, de l'innocence ; le coq est le symbole de la vigilance ; la poule, de la tendresse maternelle ; l'hirondelle, de la fidélité au lieu qui nous a vu naître ; l'alouette représente la gaieté du travailleur matinal ; la vache bien soignée, la fécondité inépuisable de la nature.

Le paon est l'emblème du vaniteux ; la limace, du paresseux ; le renard, de l'homme rusé ; la pie, de la babillarde ; l'écrevisse, qui marche à reculons, est l'image des esprits rétrogrades ; le coucou, qui va pondre dans le nid d'autrui, est l'image de l'égoïste.

En tombant toujours au même endroit, la goutte d'eau finit par percer le plus dur rocher ; c'est l'image de ce que peut la persévérance.

Quand, en ouvrant une belle pomme, vous

y trouvez un ver qui la ronge et la remplit de pourriture, dites-vous que le vice, si vous le laissez s'introduire dans votre cœur, le rongera de même et le remplira de mauvaises pensées et de mauvais désirs.

Quand vous voyez le papillon aux ailes brillantes sortir de la sombre chrysalide et prendre son essor vers le ciel, songez qu'un jour aussi votre âme quittera son enveloppe terrestre et s'envolera, si elle l'a mérité, vers le séjour des esprits purs.

Le nom de Dieu est écrit en lettres de feu dans le ciel étoilé; qu'il soit aussi écrit dans votre conscience et dans votre cœur.

Le soleil n'attend pas qu'on le prie pour faire part de sa lumière et de sa chaleur; faites de même tout le bien qui dépend de vous, sans attendre qu'on vous le demande.

IX

Laboureur, quand pendant la nuit tu entends les cris du chat-huant, ne te laisse pas saisir d'une crainte superstitieuse et ridicule, mais dis-toi : Bon, le hibou crie de joie parce qu'il voit beaucoup de souris et qu'il leur fait bonne chasse.

Quand la taupe élève des monticules dans tes prés, garde-toi d'appeler le taupier, mais dis-toi : La taupe est une brave travailleuse ; elle détruit une quantité innombrable de larves et de vers qui nuisent à mon pré, et la terre qu'elle pousse en haut, et que j'aurai soin d'épandre, favorisera la production de l'herbe.

Quand le moineau commence à becqueter les épis de ton champ, ne le maudis pas ; il t'avertit qu'il est grandement temps d'y mettre la faucille. Les blés, coupés cinq ou six jours avant la maturité complète, mûrissent parfaitement dans les gerbes disposées en moyettes, et donnent un produit plus lourd en poids et plus riche en farine.

Laisse vivre en paix le hérisson, l'ennemi le plus acharné des vipères, et qui se nourrit principalement d'escargots, de limaces et de scarabées ; la chauve-souris, qui fait sa proie des papillons nocturnes ; le crapaud-volant, grand destructeur des hannetons et des gros

insectes crépusculaires ; l'innocent lézard,
l'orvet qui n'est pas plus dangereux que lui;
le crapaud lui-même, intrépide chasseur d'insectes nocturnes; enfin la couleuvre, qu'il faut
apprendre à distinguer de la vipère, seul reptile
venimeux de nos climats.

Montre-toi surtout bienveillant pour les petits
oiseaux, que le printemps ramène dans nos
contrées. Tous remplissent, à ton profit, la
mission que Dieu leur a donnée; tous font une
guerre incessante aux insectes qui exercent
tant de ravages dans ton jardin, dans ta vigne,
dans tes champs, dans tes plantations. Leur
arrivée est un bienfait pour l'agriculture; ne
les traite pas comme s'ils en étaient le fléau.

Dis à tes enfants de respecter leurs nids. Tu
n'as pas au monde de meilleurs amis que l'a-
louette qui, le soir, saisit les insectes que ta
charrue a mis à découvert; que le chardonneret, qui, en se nourrissant des graines du
chardon, empêche cette plante funeste d'en-
vahir tes cultures; que la bergeronnette qui
va, jusque sur le dos de tes bœufs et de tes

vaches, happer les mouches et les pous qui les tourmentent ; que l'hirondelle, le roitelet, le rouge-gorge, le coucou, la mésange, enfin, que tous ces bons alliés que la Providence te donne et que les ignorants seuls traitent en ennemis.

X.

Ne faites jamais une chose que vous blâmeriez chez un autre.

Nul ne peut être heureux s'il ne jouit de sa propre estime.

Ne vous enorgueillissez pas de vos succès : la modestie est la parure du mérite.

Ne soyez pas jaloux des succès des autres : l'envie est un poison qui ronge le cœur de l'envieux.

La flatterie est pire que le faux témoignage : le but de tout flatteur est de tromper et de corrompre.

Dans la vie, les mauvais conseils et les mauvais exemples ne sont pas rares : ceux qui sont entrés dans une mauvaise voie cherchent à y attirer les autres. Vous ne serez un homme de

bien que si vous avez la force de résister au
mal.

Regardez en face ces donneurs de conseils
perfides, et demandez-vous ce que vous gagne-
riez à leur ressembler.

En affaires, il faut être droit et non pas
adroit. L'adresse ou la finesse est sœur de la
duplicité ; elle annonce un petit esprit et un
cœur peu loyal.

L'honnête homme se fait une loi de tenir
ce qu'il a promis, même dans les choses les
plus légères : quand on s'accoutume à n'être
pas fidèle dans les petites choses, on devient
bientôt infidèle dans les grandes.

Avant d'emprunter, il faut être sûr de pou—
voir rendre. Le crédit est un ami perfide, qui
nous ouvre sa bourse et nous fait des offres
séduisantes ; mais malheur au cultivateur et
au petit industriel qui s'y fient légèrement ! les
échéances arrivent, on ne peut rembourser ;
les protêts, la saisie s'ensuivent, et la ruine
ferme la marche.

Autant que possible évitez les procès, source
d'inquiétudes et souvent de ruine. Si vous êtes

forcés de plaider, n'employez pour soutenir votre droit ni le mensonge, ni ces chicanes qui éternisent les affaires. Quand on demande une chose juste, il ne faut se servir que de moyens justes.

Attaquer un homme dans son honneur, c'est lui faire plus de mal que de l'attaquer dans son bien.

Un philosophe a dit que l'or est un bon serviteur et un mauvais maître. En effet, la richesse est bonne quand on s'en sert pour la charité et pour le bien de la famille; elle est mauvaise quand elle asservit celui qui la possède, et qu'on ne l'emploie qu'à la satisfaction de ses vices.

XI

Les épis qui lèvent la tête plus haut que les autres sont les épis vides de grains. Ainsi font les gens pétris de vanité.

On se moque du dindon stupide qui se pavane et fait la roue : on se moque de même de l'enfant qui s'enorgueillit de ses beaux habits.

Comme la vigne ne prospère que quand elle est attachée à ses supports, de même l'enfant qui veut grandir en sagesse, en raison, en savoir, doit se tenir étroitement uni à ses guides.

Une rivière qui coule lentement est l'image du temps ; ses eaux ne reviennent jamais vers la source. De même les instants que nous n'avons pas employés d'une manière utile, sont perdus sans retour.

Dans la république des abeilles, aucune ne vit pour elle seule ; chacune travaille pour le bien de la ruche. Chaque commune devrait nous montrer de même une société animée de l'esprit public.

On compare souvent le teint d'un bel enfant à une rose naissante ; mais, comme la fleur, la beauté dure peu, et il ne reste que les qualités, bonnes ou mauvaises, de l'âme.

L'agneau distingue sa mère entre mille brebis, et il court vers elle au moindre danger. Enfant, cours aussi vers ta mère quand on veut t'entraîner au mal. Ouvre-lui ton cœur et prends conseil de sa tendresse.

Un bon jardinier est soigneux de se procurer au dehors de bonnes semences et de bonnes greffes, pour améliorer ses cultures. De même, de nos lectures cherchons à retenir de bonnes pensées, qui germeront dans notre cœur et y fructifieront ; les bonnes actions sont les fruits des bonnes pensées.

Une famille ne pourrait subsister, si elle n'était pas dirigée par l'autorité des parents. Comment prospérerait un pays qui n'aurait pas à sa tête un gouvernement éclairé, pour imprimer à ses mouvements une forte direction, pour protéger les gens de bien et réprimer les méchants ?

Supprimez, un instant, par la pensée, le gouvernement, les lois, les tribunaux, et demandez-vous si la société ne tomberait pas dans une immense confusion, où rien ne serait sûr, où le crime et le désordre marcheraient la tête levée ?

XII

Évitez également et l'avarice qui dessèche le cœur, et la prodigalité qui conduit à la ruine.

L'égoïste ne pense qu'à lui. Comme il n'aime personne, personne ne l'aime : il vit dans le mépris et meurt ordinairement dans l'abandon.

La bienfaisance doit être exercée avec délicatesse : le respect pour le malheur double le bienfait.

Celui qui humilie le pauvre qu'il assiste, n'est pas son bienfaiteur.

Si l'on vous rapporte que quelqu'un a mal parlé de vous, répondez simplement : Celui qui vous a parlé ainsi n'a pas connu mes autres défauts, car il aurait dit encore plus de mal de moi.

Si quelqu'un vous a offensé, souvenez-vous que la vengeance la plus noble, c'est le pardon.

Comment pourrais-je me venger de mon ennemi, disait un jeune homme à son père? Celui-ci répondit : Fais-le rougir par tes vertus.

Quand je suis offensé, disait un philosophe, j'élève mon âme si haut que l'outrage n'arrive pas jusqu'à moi.

L'arbre de santal parfume la hache qui le frappe. C'est l'image de l'honnête homme offensé qui pardonne à son ennemi et lui fait du bien.

Par le travail et par l'étude les mauvaises passions s'éteignent; toutes les bonnes qualités se développent et portent leurs fruits.

Exercer son corps par le travail, son esprit par l'étude, son cœur en faisant le bien, c'est le moyen de vivre heureux.

On n'est pas heureux parce qu'on est riche, on n'est pas heureux parce qu'on occupe une haute fonction ; on est heureux parce qu'on est bon.

Dieu nous a créés à son image : il a mis dans notre esprit un rayon de son intelligence, dans notre raison un rayon de sa sagesse, dans notre cœur un rayon de sa bonté. C'est par là que nous sommes véritablement les enfants de Dieu : ne déshonorons pas en nous l'image du Créateur.

Enfin que ces mots VÉRITÉ, HONNEUR, JUSTICE, CHARITÉ, soient toujours gravés dans nos cœurs.

FIN

TABLE DES MATIÈRES

FIN DE LA TABLE DES MATIÈRES

OUVRAGES DE M. PH. DE MONTENON :

Histoire universelle. Première série. Création du monde (4004 ans avant J.-C.); — Fin de la captivité de Babylone (538). 1 volume format Charpentier. Prix : 3 »

Manuel des Chrétiens, divisé en sept livres : Connaissance du Christ. — Amour du Christ. — Imitation du Christ. — Présence du Christ — Manière de faire pénitence. — De la Sainte Communion. — De l'art de bien mourir. — Traduit du latin par M. Ph. DE MONTENON; 2e édition. 1 volume format Charpentier. Prix : 3 »

† **Etudes littéraires,** aperçus historiques et critiques sur les origines des littératures modernes et les écrivains qui, les premiers, usèrent de la langue française, y compris les poètes du XVIe siècle. 1 volume format Charpentier. Prix : 2 50

Cornelii Nepotis Vitæ excellentium imperatorum. — Edition avec des réflexions écrites en français et destinées à tirer de chaque récit une moralité. 1 volume in 18. Prix : » 75

† **Manuel des Dispenses**, à l'usage du Curé, du Confesseur et de l'Official, par M. l'abbé CAILLAUD, vicaire général et official du diocèse de Bourges. 1 volume in-8. Prix, par la poste : 6 »

† **Martyrs du diocèse de Bourges**, pendant la Révolution de 1793, par le même. 1 vol. in-12. Prix : 2 50

† **Vie de saint Bernardin de Sienne**, par l'abbé BERTHAUMIER, du Tiers-Ordre de Saint-François. Ouvrage publié sous la direction du R. P. LAURENT, provincial des frères mineurs capucins de France. 1 vol. de 516 pages, format Charpentier. Prix : 3 »
Et par la poste : 3 50
Ce livre fait partie de la Bibliothèque franciscaine.

† **Manuel historique des ordres religieux**, par l'abbé DURAND, prêtre du diocèse de Bourges. Ouvrage publié avec l'approbation de Mgr l'archevêque de Bourges. 1 vol. de 450 pages, format Charpentier. Prix : 3 50

† **La Sainte Famille**, chroniques et légendes, par Mme CERNEAU DE CAROLAIS. Ouvrage approuvé par S. Em. le cardinal Donnet, archevêque de Bordeaux. 1 volume format Charpentier. Prix : 3 »

† **Histoire de la Vie et des Paroles de Jésus-Christ**, contenant le texte même des évangélistes, avec des réflexions morales sur chaque verset, par Henri DE LAPORTE, prêtre, chanoine honoraire du Mans, curé de Lavoux (au diocèse de Poitiers). 1 volume format Charpentier. Prix : 3 »

† **Nouvelles Fables morales et religieuses**, par Mme Adèle CALDELAR, ex-inspectrice des écoles primaires, membre de l'Athénée et de plusieurs autres sociétés savantes (Illustrations de E. LORSAY). 1 beau vol. in-8 jésus vélin. Prix : 10 »

† **Fables**, par L.-A. BOURGUIN. 1 vol. format Charpentier. (Six gravures hors le texte.) 2 »

† **M. Lesage**, ou Entretiens d'un instituteur avec ses élèves sur les animaux utiles, par L.-A. BOURGUIN, secrétaire général de la Société protectrice des animaux. 1 vol. in-12, enrichi de 22 vignettes. Prix : 1 »

OUVRAGES DE Mme LA COMTESSE DROHOJOWSKA

† **Journal des Enfants de Marie**, revue périodique. Chronique, récits et légendes, faits contemporains, mélanges et lectures variées pour les chrétiens.
Ce journal paraît le 15 de chaque mois. Prix de l'abonnement : 6 fr. pour Paris; 7 fr. 50 cent. pour les départements. Les abonnements sont d'une année et partent du 15 janvier.

† **Cours complet d'instruction**, divisé en six années d'études. 1re année. 1 vol. in-12. Prix : 1 50

Les Récits du Foyer.

Volumes parus :

† LE SOURD-MUET. 1 vol. 1 »
† CLUNY ET SAINT-GERMAIN DES PRÉS, tableaux historiques. 1 vol. 1 »
† LÉGENDES IRLANDAISES. 1 v. 1 »
† SOUVENIRS DE LONDRES, tableaux historiques. 1 vol. 1 »

Imp. L. TOINON et Cie, à St-Germain.